शेक्सपियर के प्रसिद्ध नाटक

# जूलियस सीज़र



विलियम शेक्सपियर

अनुवाद

रांगेय राघव

डायमंड बुक्स

www.diamondbooks.in

**प्रकाशक** : **डायमंड पॉकेट बुक्स (प्रा.) लि.**
X-30 ओखला इंडस्ट्रियल एरिया, फेज-II
नई दिल्ली-110020
फोन : 011-40712200
ई-मेल : wecare@diamondbooks.in
वेबसाइट : www.diamondbooks.in
संस्करण : 2026
मुद्रक : रेप्रो (इंडिया)

---

**Shakespeare Ke Prasiddh Natak : Julius Caesar**

By : William Shakespeare

# भूमिका

जूलियस सीज़र एक दुःखान्त नाटक है। शेक्सपियर ने इसे अपने साहित्यिक जीवन के तीसरे काल सन् 1601 से 1604 ई. के बीच लिखा था, तथा उसमें निराशा, वेदना और तिक्तता अधिक मिलती है।

कथा का स्रोत सर टामस नार्थ द्वारा अनूदित 'प्लूटार्क की सीज़र, ब्रूटस तथा ऐण्टोनी की जीवनियाँ' नामक पुस्तक से लिया गया है; प्लूटार्क ईसवी पहली शती का यूनानी लेखक था। उसने अनेक प्रसिद्ध ग्रीक तथा रोम-निवासियों के जीवन-चरित्र लिखे थे। सर टामस ने प्लूटार्क की ग्रीक भाषा की रचना के एक फ्रेंच अनुवाद से अनुवाद किया था। फ्रेंच अनुवादक का नाम जेक्विस अमयोत् था। वह आक्ज़ियर का पादरी था। इसी स्रोत से कथाएँ लेकर शेक्सपियर ने अपने तीन नाटक लिखे—जूलियस सीज़र, ऐण्टोनी एण्ड क्लियोपैट्रा तथा कोरियोलैनस। 1578 ई. में अनूदित 'गृह-युद्ध' नाटक तथा एपियन के इतिहास से भी 'जूलियस सीज़र' में मदद ली गई है। कुछ लोगों का मत है, शेक्सपियर से पूर्व स्टर्लिंग ने अंग्रेज़ी में जूलियस सीज़र कथानक पर नाटक लिखा था।

मूलतः यह एक राजनीतिक नाटक है। इसमें स्त्री पात्रों का विशेष महत्त्व नहीं है, किन्तु फिर भी यह अपने बहुपात्रों को लेकर भी एक आकर्षक नाटक है। इसमें राज्य, प्रजा और स्वतन्त्रता के प्रश्न पर गहरा विवेचन किया गया है।

ब्रूटस का खलनायकत्व ऐसी कुशलता से चित्रित है कि उसे देखकर घृणा नहीं होती किन्तु वेदना से हमारा हृदय व्याकुल हो उठता है। सीज़र तो बीच में ही मर जाता है, किन्तु लेखक ने अन्त तक ऐसा चित्रण किया है कि मरने पर भी वह हमारी आँखों के सामने रहता है और इस प्रकार नायक की अनुपस्थिति में भी नायक अनुपस्थित-सा नहीं दिखाई देता।

'जूलियस सीज़र' मनुष्यों के स्वार्थों और आवेशों का ही नहीं, न्याय और सापेक्ष सत्यों का एक अत्यन्त आकर्षक प्रदर्शन है।

**—रांगेय राघव**

# पात्र-परिचय

जूलियस सीज़र

ऑक्टेवियस सीज़र — सीज़र की मृत्यु के उपरान्त

मार्कस ऐण्टोनियस (ऐण्टोनी)
एम. एमीलियस लैपीडस — शक्ति ग्रहण करनेवाले त्रिनायक

सिसरो
पब्लियस
पौपीलियस लेना — सीनेट के सदस्य

मार्कस ब्रूटस
कैशस
कास्का
ट्रैबोनियस
लिगारियस
डेसियस ब्रूटस
मैटेलस सिम्बर
सिन्ना — जूलियस सीज़र के विरुद्ध षड्यन्त्र रचनेवाले

फ्लेवियस
मेरुलस — न्यायकर्ता

स्नीडस का आर्टिमीडोरस : काव्यशास्त्र का अध्यापक

सिन्ना : दूसरा : एक कवि

लूसिलियस
टिटीनियस
मेसाला
तरुण केटो
वोल्मनियस — ब्रूटस तथा कैशस के मित्र

भविष्यवक्ता

वारो
क्लीटस
क्लॉडियस
स्ट्रैटो
लूशियस
डार्डेनियस — ब्रूटस के सेवक

पिण्डारस : कैशस का सेवक

कैल्पूर्निया : सीज़र की पत्नी

पोर्शिया : ब्रूटस की पत्नी

सीनेट के सदस्य, नागरिक, रक्षक, सेवक इत्यादि

# पहला अंक

## दृश्य 1

### (रोम की एक गली)

**(फ्लेवियस, मेरुलस तथा कुछ साधारण[1] लोगों का प्रवेश)**

**फ्लेवियस :** चले जाओ! काहिलो! अपने-अपने घर जाओ। आज क्या कोई आम छुट्टी का दिन है कि तुम त्यौहार का-सा आनन्द मना रहे हो? क्या तुम यह नहीं जानते कि काम के दिन तुम जैसे कारीगरों को अपने पेशे के औज़ारों के बिना राहों पर नहीं घूमना चाहिए? *(एक से)* ऐ, बोलो! तुम क्या काम करते हो?

**एक साधारण :** श्रीमान प्रसन्न हों, मैं बढ़ई हूँ।

**मेरुलस :** बढ़ई हो? बताओ, तब तुम्हारा चमड़े का लबादा और पैमाना कहाँ है? आज तुम अपने अच्छे से अच्छे कपड़े क्यों पहने हुए हो? *(दूसरे से)* ऐ, तू बता! तू क्या करता है?

**दूसरा साधारण :** झूठ क्यों बोलूँ श्रीमान, मैं अच्छे कारीगर के सामने, एक मामूली अदना चमार ही हूँ।

**मेरुलस :** अरे करता क्या है, वह सीधे-सीधे नहीं बताता! इधर-उधर की बातें क्यों मारता है? जल्दी बोल!

**दूसरा साधारण :** श्रीमान, असली बात बताता हूँ। मैं तलों की मरम्मत किया करता हूँ। मुझे अपने पेशे में कोई बुराई दिखाई नहीं देती।

**मेरुलस :** क्या कहा बदजुबान? क्या पेशा बताया? साफ-साफ क्यों नहीं बताता?

---

1. रोम में दो तरह के लोग होते थे—एक नागरिक, दूसरे साधारण प्रजा के लोग।

**दूसरा साधारण** : श्रीमान, मुझ पर गुस्सा न हों। अगर आप नाराज होंगे तब भी मैं आपकी मरम्मत करके ठीक कर दूँगा।

**मेरुलस** : क्या कहा? इतनी हिम्मत! आ, मुझे ठीक कर।

**दूसरा साधारण** : आपको नहीं श्रीमान! मेरा मतलब आपकी जूतियों से था।

**फ्लेवियस** : अच्छा। तब तुम मोची हो?

**दूसरा साधारण** : हाँ, श्रीमान! मेरी रोज़ी तो सुतारी से ही चलती है। न मैं किसी व्यापारी के मामले में पड़ता हूँ, न मुझे किसी औरत से ही काम पड़ता है, मेरी तो बस सुतारी है। झूठ क्यों बोलूँ श्रीमान! मैं तो जूतों की चीर-फाड़ करता हूँ। उन्हीं का इलाजी हूँ। जब वे खतरे में पड़ जाते हैं। तब मैं उनका इलाज करता हूँ। जो भले आदमी चमचमाते जूते पहनकर निकलते हैं, उनके पाँवों को घेरकर मेरी ही कारीगरी चलती है।

**फ्लेवियस** : फिर तुम अपनी दूकान पर नजर क्यों नहीं आते? तुम सड़क पर इन लोगों के नेता बनकर क्यों घूम रहे हो?

**दूसरा साधारण** : झूठ क्यों बोलूँ श्रीमान! मेरी मंशा है कि इनके चल-चल कर जूते फट जाएँ और मुझे और धन्धा मिले। पर सचाई यह है कि हम सब सीज़र को देखने के लिए, उनकी जीत पर आनन्द मनाने के लिए आज त्यौहार मना रहे हैं।

**मेरुलस** : किसके लिए आनन्द? वह कौन-सी विजय प्राप्त करके घर लौट रहा है? अपने रथ के पहियों में बाँधकर वह कौन-से बन्दियों को ला रहा है! अरे बेवकूफो! तुम जड़ हो। तुम पत्थर से भी गए बीते हो। महानगर रोम के कठोरहृदय क्रूर निवासियों! पोम्पी की याद है? कितनी बार तुम दीवालों, मकानों, मीनारों और चिमनियों पर चढ़कर अपने बच्चों को गोदियों में लेकर रोम की सड़कों से महान पोम्पी को निकलते देखने के लिए धैर्य और आशा को हृदय में धारण कर खड़े नहीं रहे हो? सारे-सारे दिन तुमने उसकी प्रतीक्षा की थी! और जब तुमने उसका रथ देखा, तब क्या तुमने तुमुल जयध्वनि नहीं की! तुम्हारे जय-निनाद से टाइबर नदी की लहरें थर्राती थीं और प्रतिध्वनि उसके गहरे कगारों में बजा करती थी। और आज तुम अच्छे कपड़े पहनकर निकले हो? आज तुम छुट्टी मना रहे हो? और आज तुम उसी के पथ में फूल बिछाने को आतुर

हो रहे हो जो पोम्पी के पुत्रों को पराजित करके आ रहा है! चले जाओ! भागकर घर जाओ और घुटनों पर गिरकर देवताओं से अपने अपराध के लिए क्षमा-याचना करो, ताकि तुम्हारी कृतघ्नता का अवश्यम्भावी दण्ड कम से कम कुछ समय को टल जाए।

**फ्लेवियस :** मेरे अच्छे दोस्तो! जाओ! तुम अब जाओ और अपने जैसे सब आदमियों को टाइबर नदी के तीर पर निमन्त्रित करो और वहाँ इस पाप के प्रायश्चित के लिए इतने आँसू बहाओ, इतने आँसू बहाओ कि नदी की धारा उमड़कर किनारों को डुबा दे।

**(सब लोगों का प्रस्थान)**

देखो! उनकी निम्न प्रवृत्ति कितनी प्रभावित हुई! सब चुपचाप चले गए! उन पर अपराध की भावना छा गई! तुम उस रास्ते से राजधानी को जाओ और मैं इधर से जाता हूँ। अगर कहीं तुम्हें सीज़र की मूर्तियों की सजावट दिखाई दे तो उस सबको हटवाते जाना।

**मेरुलस :** क्या ऐसा करना हमारे लिए उचित होगा? जानते हो न कि आज वैसे लुपरिकल का उत्सव भी है?

**फ्लेवियस :** होने भी दो। सीज़र की मूर्तियों पर कहीं भी विजय-चिह्न बाकी नहीं रहने पाएँ। मैं राहों से लोगों को हटाऊँगा और यदि तुम्हें कहीं भीड़ मिले तो तुम भी उसे बिखरा देना! सीज़र के पंखों में से ये उगते हुए पर अगर नुचते रहेंगे तभी ठीक रहेगा, वरना वह आकाश में इतना ऊँचा उठ जाएगा, इतनी ऊँचाई पर उड़ेगा कि मनुष्य के दृष्टि-पथ से ओझल हो जाएगा और हमें सदा दासत्व के आतंक से ग्रस्त रहना पड़ेगा।

*(प्रस्थान)*

## दृश्य 2

**(एक सार्वजनिक स्थान)**

**(तूर्यनाद; सीज़र और एण्टोनी (ऐण्टोनियस) का प्रवेश। दौड़ होनेवाली है। कैल्पूर्निया, पोर्शिया, सिसरो, डैसियस, ब्रूटस, कैशस और कास्का तथा भीड़ का प्रवेश। भीड़ में एक भविष्यवक्ता भी है।)**

**सीज़र** : कैल्पूर्निया!

**कास्का** : शान्ति! शान्ति! सीज़र बोलते हैं।

**(संगीत रुकता है।)**

**सीज़र** : कैल्पूर्निया!

**कैल्पूर्निया** : आज्ञा स्वामी!

**सीज़र** : जब ऐण्टोनियस दौड़ने को हो तो तुम उसके रास्ते में खड़ी हो जाना! ऐण्टोनियस!

**ऐण्टोनियस** : सीज़र! मेरे स्वामी!

**सीज़र** : ऐण्टोनियस! दौड़ते समय तुम कैल्पूर्निया को छूना न भूल जाना। क्योंकि बड़ों का कहना है कि इस प्रकार की पवित्र दौड़ में यदि कोई बाँझ स्त्री छू ली जाए तो अवश्य ही उसका दोष हट जाता है।

**ऐण्टोनियस** : मुझे याद रहेगा श्रीमान सीज़र! जब सीज़र कहता है कि ऐसा करो तो उसे किया हुआ ही मान लेना चाहिए।

**सीज़र** : तो चलो। तैयार हो जाओ। कोई रस्म ऐसी न हो कि पूरी हुए बिना रह जाए।

**(संगीत प्रारम्भ होता है।)**

**भविष्यवक्ता** : सीज़र!

**सीज़र** : हमें कौन पुकार रहा है?

**कास्का** : सारी ध्वनियो, मौन धारण कर लो! शान्ति! शान्ति!

**सीज़र** : उस भीड़ में से हमें किसने पुकारा? वह आवाज़ इस सारे संगीत से भी मीठी है। वह कहती है—सीज़र! सुनो! सीज़र सुनने को तैयार है।

**भविष्यवक्ता** : 15 मार्च को सावधान रहिए।

**सीज़र** : कौन है वह?

**ब्रूटस** : एक भविष्यवक्ता आपको 15 मार्च को सावधान रहने को कहता है।

**सीज़र** : उसे हमारे सम्मुख प्रस्तुत करो। हम देखना चाहते हैं।

**कास्का** : *(भविष्यवक्ता से)* भीड़ से छँटकर इधर आओ! सीज़र तुमको देखना चाहते हैं।

(भविष्यवक्ता आता है।)

**सीज़र :** क्या कहते हो तुम? फिर बताओ।

**भविष्यवक्ता :** 15 मार्च को सावधान रहना।

**सीज़र :** यह तो एक स्वप्नदर्शी है जिसे जाने क्या धुन लगी है! चलो, इस पर ध्यान देना व्यर्थ है।

(तूर्यनाद; ब्रूटस और कैशस के अतिरिक्त सबका प्रस्थान)

**कैशस :** क्या आप भी लुपरिकल की दौड़ देखने जा रहे हैं?

**ब्रूटस :** नहीं, मैं नहीं जा रहा।

**कैशस :** चलिए न! मैं विनती करता हूँ।

**ब्रूटस :** मुझे खेलों में रुचि नहीं है। ऐण्टोनियस की स्फूर्ति और चपलता का मुझमें अभाव है। मैं तुम्हारे रास्ते में बाधा नहीं डालूँगा कैशस! तुम जाओ, मैं चला जाऊँगा।

**कैशस :** ब्रूटस! मैं बहुत दिनों से देख रहा हूँ कि अब तुम्हारी आँखों में मेरे लिए वह प्रेम, वह स्नेह नहीं है, जैसा कि पहले था। तुम अपने उस मित्र से भी ऐसी रूक्षता से मिलते हो, ऐसे अजनबी-से मिलते हो, जो कि तुमसे इतना प्रेम करता आया है!

**ब्रूटस :** मुझे गलत न समझो कैशस! यदि मेरा व्यवहार कुछ बदल गया तो अपनी ही चिन्ताओं के कारण, जो कि केवल मुझ तक ही सीमित है। कुछ समय के भावों का संघर्ष मेरे हृदय को मथ रहा है, जो मैं किसी को बताना नहीं चाहता। हो सकता है, उसी के कारण मेरे व्यवहार में परिवर्तन आ गया हो! लेकिन इसलिए मेरे मित्रों को तो मुझसे उदासीन नहीं रहना चाहिए। और कैशस! मेरे मित्रों में तुम सबसे पहले हो जो मेरे इतने निकट हो! यदि मैं इस समय मित्रों के प्रति उदासीन-सा दीखता हूँ, तब भी उन्हें सोचना चाहिए कि ब्रूटस अपने ही भावों के द्वन्द्व में उलझकर मित्रों से अपने स्नेह को व्यक्त करना तक भूल गया है।

**कैशस :** तब तो मैंने तुम्हारे भावों को समझने में भूल की है और इसी कारण से मैंने अपने वे विचार भी तुम्हारे सामने प्रकट नहीं किए जो वास्तव में बड़े ही महत्त्वपूर्ण, गम्भीर और लाभदायक हैं। बताओ ब्रूटस! क्या

तुम अपने-आपको देख सकते हो?

**ब्रूटस :** नहीं कैशस! आँख अपने आपको तब तक नहीं देख पाती जब तक वह अन्यत्र कोई प्रतिबिम्ब न देखे!

**कैशस :** यही बात है। तुम्हारे लिए यह सबसे बड़ी वेदना है कि तुम्हारी आँख को ऐसा दर्पण नहीं मिला जिसमें तुम अपना बिम्ब देख सकते, जिसमें तुम अपनी आँखों में छिपी योग्यता को पहचान पाते। उनके बिना तुम्हें अपने महत्त्व का अनुमान ही कैसे हो सकता है? देवताओं के समान महान सीज़र के अतिरिक्त मैंने रोम के सभी पुरुषों को यह कहते सुना है कि इस कठोर और यातनामय युग में यदि ब्रूटस अपनी योग्यता को स्वयं देख पाता तो कितना अच्छा होता!

**ब्रूटस :** कैशस! तुम मुझे किन खतरों में ले जाना चाहते हो, क्योंकि तुम मुझमें वे बातें भी मुझसे ढूँढ लेने को कहते हो जो कि वास्तव में मुझ में हैं ही नहीं!

**कैशस :** भद्र ब्रूटस! तो सुनने के लिए तत्पर हो जाओ। क्योंकि मैं जानता हूँ कि तुम अपने बिम्ब को स्वयं ठीक से नहीं देख पाते, मैं ही तुम्हारे लिए दर्पण बनता हूँ ताकि तुम्हारे उन गुणों को प्रकट कर सकूँ जिन्हें स्वयं तुम भी नहीं जानते। किन्तु मेरे प्रिय सज्जन ब्रूटस! मुझसे तुम ईर्ष्या मत कर उठना। यदि मैं साधारण लोगों के साथ हँस-बोल लेता होऊँ, थोड़ी जान-पहचान पर ही क़सम खाकर प्रेम दिखाने लगता होऊँ, यदि मैं सामने खुशामद करता होऊँ और पीठ-पीछे बुराई करता होऊँ, यदि मैं साधारण व्यक्ति के साथ भी मद्यपों की-सी क्षणिक मित्रता करता होऊँ, और तुम मुझे ऐसा समझते हो, तब तो तुम्हें निश्चय ही मुझको भयानक व्यक्ति समझना चाहिए!

**(कोलाहल; तूर्यनाद)**

**ब्रूटस :** यह कैसा शोर है? मुझे तो सन्देह है कि लोग सीज़र को सम्राट बना रहे हैं।

**कैशस :** क्या तुम भी भयभीत हो? क्या ऐसा नहीं होना चाहिए?

**ब्रूटस :** मैं यह नहीं चाहता कैशस! फिर भी मैं सीज़र से प्रेम करता हूँ।

लेकिन तुम मुझे क्यों इतनी देर से रोके हुए हो? क्या कहना चाहते हो तुम मुझसे? यदि लोक-कल्याण के लिए मेरे लिए एक ओर सम्मान और दूसरी ओर मृत्यु हो तो दोनों ही मेरे लिए समान रूप से उपेक्षणीय होंगे। यदि मृत्यु के भय से आदर की भावना मेरे लिए बड़ी न हो, तो देवता भी मुझे दी हुई सुविधाओं को मुझसे छीन लें।

**कैशस :** मैं जानता हूँ, तुममें वह गुण है और इसलिए मैं तुम्हारी बाह्य रुचियों से भी परिचित हूँ। सम्मान ही मेरी कथा का विषय है। मैं नहीं जानता कि तुम और बाकी लोग इस जीवन के विषय में क्या सोचते हैं? किन्तु अपने लिए कहूँ, किसी के आतंक में जीवित रहने से मर जाना श्रेयस्कर है। मैं भी सीज़र की भाँति स्वतन्त्र जन्मा हूँ और तुम भी स्वतन्त्र जन्मे हो! हम भी उसी की भाँति समृद्ध हैं, उसी की भाँति हममें भी शीत सहन करने की सामर्थ्य है। एक दिन हिल्लोलित-आलोड़ित टाइबर की स्फीत तरंगों में सीज़र ने मुझे चुनौती देकर पुकारा था कि कैशस! क्या तुझमें मेरे साथ वहाँ तक तैरने का इस क्रुद्ध धार में भी साहस है? मैं तुरन्त नदी में कूद पड़ा था और मैंने कहा, "तुम मुझे पकड़ सकोगे?" वह मेरे पीछे तैरने लगा। नदी में विपुल गर्जना हो रही थी और पानी को भीम प्रयत्न से चीरते हुए हम बढ़े जा रहे थे। किन्तु निर्दिष्ट गन्तव्य पर पहुँचने से पूर्व ही वह चिल्ला उठा, "कैशस! मुझे बचाओ, अन्यथा मैं डूब जाऊँगा।" उस समय मैंने सीज़र को, टाइबर की प्रचण्ड धारा में थके हुए क्लान्त सीज़र को, वैसे ही बचाया था जैसे एक दिन हमारे महान पूर्वज ईनीस ने ट्रॉय की धू-धू करके जलती हुई लपटों में से निकालकर अपने कन्धों पर उठाकर वृद्ध एन्साइज़ीज की रक्षा की थी। और आज वही आदमी देवता बन गया है। और कैशस एक साधारण दीन मनुष्य है, जो उसके सामने झुके और सीज़र उस अभिवादन को स्वीकार करने को अपना सिर तनिक हिला-भर दे! एक बार जब वह स्पेन में था, तब उसे ज्वर चढ़ आया था। तब मैंने उसे काँपते हुए देखा था; आज जो देवता है, उस दिन वह काँप रहा था, उसके होठों की गुलाबी उड़ गई थी और आज जिन आँखों को देखकर सारा संसार काँपता है,

उस दिन उसकी ज्योति नष्ट-सी हो गई थी। मैंने उसे कराहते हुए सुना था। वह जिह्वा जिससे निकले शब्दों का रोम के पुरुष इतना आदर करते हैं, जिसके भाषणों को पुस्तकों में लिखा जाता है, उस दिन वही जिह्वा एक ज्वर-ग्रस्त बालिका की भाँति करुणा-भरे स्वर से पुकारती थी : "टिटीनियस! मुझे कुछ पीने को दो!" इतना दुर्बल मनुष्य! अरे देवताओ! मैं आश्चर्य से ग्रस्त हूँ। कैसे वह अकेला ही विजयी होकर इस भव्य संसार का समस्त आदर और पुरस्कार प्राप्त कर रहा है!

**(कोलाहल सुनाई देता है। तूर्यनाद)**

**ब्रूटस :** फिर वही कोलाहल। सम्भवतः सीज़र को फिर कोई सम्मान प्रदान किया जा रहा है, यह उसी का कोलाहल है।

**कैशस :** एक विशाल पाषाण-मूर्ति की भाँति वह सब पर छा गया है। सारे संसार को उसने छोटा बना दिया है और हम क्षुद्र लोग उसके विशाल चरणों के नीचे से निकलकर अपने अपमान की क़ब्रें इधर-उधर ढूँढ़ते फिर रहे हैं। कभी-कभी मनुष्य अपने भाग्य का स्वयं निर्माण करता है। प्रिय ब्रूटस! दोष हमारी ग्रह-दशा में नहीं, हममें है। हम ही अधीन प्रवृत्ति के हैं। ब्रूटस और सीज़र। सीज़र नाम में ही ऐसी क्या महानता है? वही नाम क्यों तुम्हारे नाम से अधिक प्रतिध्वनित हो? दोनों को साथ लिखो; तुम्हारा नाम कहीं अच्छा है। दोनों का साथ उच्चारण करो, तुम्हारा ही महाप्राण-ध्वनि है। तोलकर देखो, तुम्हारा ही नाम भारी निकलता है। सीज़र के नाम की भाँति ही ब्रूटस नाम भी स्फुरण भरने में समर्थ है। किसलिए सारे देवताओं के नाम पर सीज़र ही भोजन करता है? क्या वह इतना महान हो गया है? धिक्कार है रे युग तुझे! रोम! तुझमें वीरों का लहू बाकी न रहा। महान प्रलय के उपरान्त कभी भी ऐसा युग नहीं हुआ जब रोम में एक से अधिक महान पुरुष प्रसिद्ध नहीं रहे हों। जो रोम के बारे में बातें करते हैं वे कभी नहीं कहते कि उसके भीतर केवल एक ही महापुरुष बाकी है। और आज? आज रोम में केवल एक ही महापुरुष बच रहा है? बोलो! मैंने, तुमने, किसने अपने पिताओं को यह कहते हुए नहीं सुना कि रोम में अपना गौरव जीवित रखने के लिए एक ब्रूटस

ही ऐसा रह गया था जिसने असंख्य कष्टों को सहन किया था। वही था जिसने एकराट् सत्ता की जगह महान पाप को भी स्वीकार कर लिया होता!

**ब्रूटस :** तुम मुझे चाहते हो, यह मैं जानता हूँ, इसमें मुझे कोई सन्देह नहीं। मैं कुछ-कुछ समझ रहा हूँ कि तुम मुझसे किस उद्देश्य की पूर्ति चाहते हो। इस युग के विषय में मेरी क्या धारणा है यह तो मैं बाद में बताऊँगा और इस समय तो न केवल स्वयं इस विषय में मैं कुछ कहना नहीं चाहता, बल्कि यही प्रार्थना करता हूँ कि तुम भी विचलित मत हो। जो तुमने कहा है उस पर मैं विचार करूँगा। जो तुम कहोगे उसे धैर्य से सुनूँगा और फिर हम इस विषय पर समय निकालकर विवेचन करेंगे। तब तक मेरे मित्र! तुम भी इस पर अच्छी तरह मनन कर लो, ऐसी मँडराती हुई कठोर परिस्थिति में ब्रूटस भी रोम का पुत्र कहलाने की अपेक्षा एक गँवार कहलाना ही अधिक पसन्द करेगा।

**कैशस :** मुझे हर्ष है कि मेरे निर्बल शब्दों ने थोड़ा-सा प्रभाव डालकर ब्रूटस को अग्नि की एक लपट का आभास दिया है।

**ब्रूटस :** खेल समाप्त हो गया और सीज़र लौट रहा है।

**कैशस :** जैसे ही वे इधर होकर जाएँ, कास्का का हाथ पकड़कर इंगित करना, वह अपने स्वभाव के अनुसार स्वयं बता देगा कि आज क्या-क्या हुआ।

**(सीज़र और उसके साथियों का फिर प्रवेश)**

**ब्रूटस :** अच्छी बात है, मैं यही करूँगा। लेकिन ज़रा देखो तो सही। सीज़र की भौं पर गुस्सा नज़र आ रहा है। और बाकी के लोग कैसे सहमे हुए दिखाई देते हैं जैसे अभी डाँट खा चुके हैं। कैल्पूर्निया का चेहरा पीला पड़ गया है और सिसरो की आँखें कैसी लाल-सी चमकती दीख रही हैं। वैसा ही लग रहा है जैसा राजधानी में सीनेट अपने विरोधी सदस्यों द्वारा प्रश्न पूछे जाने पर हो जाता है।

**कैशस :** कास्का सारी बातें बता देगा कि क्या हुआ है।

**सीज़र :** ऐण्टोनियस?

**ऐण्टोनियस :** सीज़र!

**सीज़र :** मेरे पास रात को सोने को ऐसे आदमी देना जो मोटे हों और खूब सोते हों। सुन्दर, कढ़े हुए बालोंवाले, पुष्टदेह हों। वह देखो कैशस है न? असन्तुष्ट लगता है, पीला-सा चेहरा, थका हुआ। बहुत सोचता है, बहुत गूढ़ चिन्ता में डूबा रहता है। ऐसे आदमी खतरनाक साबित होते हैं।

**ऐण्टोनियस :** आपको इससे डरने की ज़रूरत नहीं है सीज़र। कैशस खतरनाक नहीं है। वह एक अभिजातकुलीन रोम-निवासी है और आपके प्रति बहुत वफ़ादार भी है।

**सीज़र :** क्या ही अच्छा होता यदि वह मोटा होता! उससे मैं डरता नहीं हूँ। लेकिन यदि तुझे भी भय लगता हो तो उस दुबले-पतले कैशस के सिवाय कौन और व्यक्ति है जिससे मैं बचता रहता? वह बहुत पढ़ता है। वह एक महान दार्शनिक भी है और वह लोगों के काम देखकर ही उनके उद्देश्यों को पहचान लेता है। वह न तो तुम्हारी तरह खेलों को पसन्द करता है, न संगीत को ही। वह बहुत कम मुस्कराता है और यदि मुस्कराता भी है तो ऐसा लगता है जैसे वह अपना ही उपहास कर रहा हो कि क्यों वह मुस्करा रहा है! ऐसे लोग अपने से महान व्यक्तियों को देखकर मन-ही-मन बेचैन रहते हैं और इसीलिए वे भयानक होते हैं। मैं तो तुम्हें बता रहा हूँ कि किससे डरना चाहिए। मैं स्वयं नहीं डरता, क्योंकि मैं सदैव सीज़र हूँ। तुम मेरे दाहिने हाथ की तरफ आ जाओ, क्योंकि मैं इस कान से ज़रा ऊँचा सुनता हूँ। मुझे सच बताओ, तुम उसके बारे में क्या सोचते हो?

**(तूर्यनाद, सीज़र तथा सब जाते हैं, केवल कास्का रह जाता है।)**

**कास्का :** तुमने मुझे चोगा खींचकर रोका है। क्या तुम मुझसे कुछ कहना चाहते हो?

**ब्रूटस :** बताओ कास्का! आज ऐसी क्या बात हो गई कि सीज़र इतने उदास दिखाई देते थे?

**कास्का :** क्यों, तुम तो उसके साथ ही थे न?

**ब्रूटस :** होता तो तुमसे पूछने की ज़रूरत ही क्या थी?

**कास्का** : हुआ यह कि सीज़र को एक ताज भेंट किया गया किन्तु उसने उसे हाथ से हटा दिया और लोगों ने इसी पर हर्षध्वनि की।

**ब्रूटस** : दूसरी बार शोर किसलिए हुआ था।

**कास्का** : इसी कारण से।

**ब्रूटस** : वे तो तीन बार चिल्लाए थे। तब तीसरी बार चिल्लाने का क्या कारण था?

**कास्का** : यही कारण था। और क्या?

**ब्रूटस** : क्या उसे तीन बार ताज दिया गया था।

**कास्का** : यही कारण था। तीन बार उसने मना कर दिया। हर नई बार वह पहले से भी अधिक नम्र लगता था और तब भी वे चिल्ला उठते थे।

**ब्रूटस** : उसे ताज किसने दिया था?

**कास्का** : ऐण्टोनियस ने ही तो।

**ब्रूटस** : भद्र कास्का, बताओ न? किस तरह दिया गया था वह ताज?

**कास्का** : विस्तार से तो मैं नहीं बता सकता। चाहे इसके लिए मुझे फाँसी क्यों न लगा दी जाए। इसमें बहुत कुछ मूर्खता थी जो मैं पसन्द नहीं करता। मैंने उसे ठीक से देखा भी नहीं। मार्क एण्टोनी ने उसे ताज दिया था; न वह ताज ही था, हाँ कुछ थी चमकती हुई-सी चीज़। सीज़र ने ताज हटा तो दिया था पर मुझे लग रहा था कि वह ताज चाहता था। उसे दुबारा ताज दिया गया, लेकिन उसने फिर भी हटा दिया और फिर भी मुझे ऐसा महसूस हो रहा था कि वह उसे अपनी उँगलियों से छू लेना चाहता था। तीसरी बार उसे फिर से ताज दिया गया और उसने फिर उसे लेने से इनकार कर दिया। इस बार तो भीड़ ने ज़ोर-ज़ोर से अपने कर्कश हाथों से तालियाँ बजाकर चिल्लाना शुरू कर दिया। भीड़ के लोगों ने पसीने से भीगी अपनी-अपनी टोपियाँ उछाल दीं और अपनी लम्बी-लम्बी साँसों से ऐसी गन्दी हवा वहाँ फैला दी कि सीज़र का तो गला घुटने लगा। वह बेहोश होकर गिर पड़ा। और अपने बारे में मैं तुम्हें बता दूँ कि मैं तनिक भी नहीं हँसा, क्योंकि ज़रा मुँह खोलता तो भीड़ की वह बदबूदार हवा मेरे फेफड़ों तक में भर जाती।

**कैशस** : सुनो! मैं प्रार्थना करता हूँ भद्र कास्का, ज़रा धीरे बोलो न! क्या सीज़र मूर्छित हो गया?

**कास्का** : वह तो ठीक बाज़ार में गिर पड़ा और उसके मुँह से झाग निकलने लगे। उसकी तो आवाज़ भी नहीं निकल पाती थी।

**ब्रूटस** : हो सकता है, उसे इस तरह गिर पड़ने की कोई बीमारी हो!

**कैशस** : नहीं! सीज़र में यह बीमारी नहीं। वह तो मुझमें, तुममें और सरल-हृदय कास्का में है कि निरन्तर हम नीचे गिरते जा रहे हैं।

**कास्का** : मैं नहीं समझा कि ऐसा कहने से तुम्हारा मतलब क्या है, किन्तु इतना मुझे विश्वास है कि सीज़र गिर अवश्य पड़ा था। जिस तरह नाट्य-भवनों में अभिनेताओं के कार्यों को देखकर लोग प्रसन्न और अप्रसन्न होते हैं, उसी प्रकार यदि वहाँ वह लोगों को प्रसन्न करता था तो वे भी कुछ नहीं कहते थे, किन्तु यदि वह अपने कार्यों से भीड़ को क्रुद्ध कर देता था, असन्तुष्ट करता था, तो वे लोग दाँत पीसने लगते थे। क्या तुम मुझे झूठा समझते हो?

**ब्रूटस** : जब उसे चेतना लौटी तब उसने क्या कहा?

**कास्का** : मूर्छित होने से पहले उसने देखा था कि उसके ताज को लौटाने से लोग खुश हो रहे थे। उसने अपना वक्ष खोल दिया और कहा कि यदि कोई चाहे तो उसका गला काट दे। सच, यदि मैं कार्यकुशल होता तो तुरन्त ही उसका गला काट देता; लेकिन इतने में ही वह गिर पड़ा। जब उसका होश लौटा तो उसने लोगों से कहा कि यदि मैंने कोई अनकहनी बात कह दी है या कर दी है तो लोग यही समझें कि बीमारी की वजह से मैंने ऐसा किया है। मेरे पास तीन-चार औरतें खड़ी थीं। बोल उठीं : 'हाय-हाय, कैसी अच्छी आत्मा है', मानो उन्होंने उसकी कहनी-सुननी को माफ कर दिया। लेकिन यह कोई ध्यान देने योग्य बात नहीं है। सीज़र यदि उनकी माताओं को छुरे से गोद देता, तब भी वे उसे माफ कर देतीं।

**ब्रूटस** : और इसके बाद ही वह इस प्रकार दुःखी होकर आया था?

**कास्का** : हाँ।

**कैशस** : क्या सिसरो ने भी कुछ कहा था?

**कास्का** : हाँ, उसने कुछ ग्रीक (भाषा) में कहा था।

**कैशस** : क्या मतलब था उसका?

**कास्का** : मैं तो समझ नहीं सका था। अब जो तुमसे झूठ बोलकर बता भी दूँ तो फिर तुम्हें मुँह कैसे दिखला सकूँगा। लेकिन जिन्होंने समझ लिया था, वे एक-दूसरे को देखकर मुस्कराए थे और सिर हिला रहे थे। जहाँ तक मेरा सवाल है, वह सब मेरे लिए ग्रीक भाषा थी।[1] मैं तुम्हें और बहुत-सी बातें बता सकता हूँ। मेरुलस और फ्लेवियस ने चूँकि सीज़र की मूर्तियों से सजावट को हटवाया था, उन्हें जनता में भाषण देने के अधिकार से वंचित कर दिया गया है। अच्छी बात है। अब विदा दो। और भी कुछ बेवकूफियाँ हुई हैं, परन्तु अब मुझे याद नहीं है।

**कैशस** : कास्का! क्या आज रात को तुम मेरे साथ भोजन कर सकोगे?

**कास्का** : नहीं, मैं पहले से अन्यत्र तय कर आया हूँ।

**कैशस** : तो कल सही।

**कास्का** : हाँ, हाँ, यदि मैं कल भी जीवित रहा, और तुम्हारा यही विचार बना रहा और तुम्हारा भोजन भी खाने योग्य रहा।

**कैशस** : अच्छी बात है, मैं कल तुम्हारी आशा करूँगा।

**कास्का** : अच्छा, अब विदा। *(प्रस्थान)*

**ब्रूटस** : कैसा मूर्ख हो गया है यह! जब पाठशाला में पढ़ता था, तब तो बड़ा चतुर था।

**कैशस** : कोई वीरतापूर्ण और महान कार्य हो तो उसे पूर्ण करने में वह अब भी वैसा ही है। हाँ, देखने में लगता मूर्ख-सा है, लेकिन बात वह बुद्धिमानी की करता है; इस कठोरता से उसे लाभ ही पहुँचता है, क्योंकि लोग उसके शब्दों को और भी सरलता से सह लेते हैं।

**ब्रूटस** : यह तो सच है। मैं अब तुमसे विदा लेता हूँ। यदि तुम मुझसे अधिक बातें करना चाहते हो, तो मैं तुम्हारे घर कल आ जाऊँगा या तुम अगर मेरे घर आ सको, तो मैं तुम्हारी प्रतीक्षा करूँगा।

**कैशस** : यही ठीक है, मैं ऐसा ही करूँगा। तब तक तुम इन बातों पर विचार कर लेना।

---

1. अँग्रेजी का मुहावरा है, जिसका अर्थ हिन्दी में प्रचलित है—वह तो फ़ारसी बोल रहा था अर्थात् मेरे लिए अज्ञात था।

**(ब्रूटस का प्रस्थान)**

**कैशस :** अच्छा ब्रूटस! तुम सचमुच ही महान हो! किन्तु मैं तो देखता हूँ कि तुम्हारी अच्छाई भी बदली जा सकती है। अतः महान व्यक्तियों के लिए यही अच्छा है कि महान लोगों से सम्बन्ध रखें, क्योंकि कैसी भी दृढ़ता क्यों न हो, उसे भी गिराया जा सकता है। सीज़र मुझसे कुढ़ता है किन्तु ब्रूटस से वह प्रेम करता है। यदि मैं ब्रूटस होता और वह कैशस होता तो वह मुझे इतना प्रभावित नहीं कर पाता जितना मैंने उसे किया है। आज रात मैं उसकी खिड़की में तरह-तरह के हाथों की लिखावट में लिखे पत्र फेंकूँगा, ताकि वह समझे कि ये नागरिकों ने भेजे हैं। उनमें लिखा होगा कि रोम में ब्रूटस के नाम की कितनी प्रशंसा हो रही है और उनमें सीज़र की महत्त्वाकांक्षा का भी वर्णन होगा। इसके बाद देखें सीज़र ही कैसे जम बैठता है! या तो हम ही उसे उखाड़ देंगे या फिर हमें ही आपत्तियों का सामना करना पड़ेगा। *(प्रस्थान)*

## दृश्य 3

**(कड़क और बिजली की चमक। एक ओर से नंगी तलवार लिए कास्का और दूसरी ओर से सिसरो का प्रवेश)**

**सिसरो :** नमस्ते कास्का। क्या सीज़र को पहुँचा आए? तुम हाँफ क्यों रहे हो? इस तरह घूर-घूरकर क्यों देख रहे हो?

**कास्का :** क्या पृथ्वी को निराधार-सी झोंके खाते देखकर तुम आतंकित नहीं हो रहे हो! सिसरो! मैंने ऐसे भयानक तूफान भी देखे हैं जब विकराल प्रभंजन ने पृथ्वी में दूर तक गड़े हुए विशालकाय ओक के विस्तृत वृक्षों को भी उखाड़कर फेंक दिया है। और मैंने ऐसे सर्वभक्षी दुर्दान्त लोलुप सिन्धु भी देखे हैं, जिनकी प्रचण्ड उत्ताल तरंगें मेघों से टकराने की स्पर्धा से उन्मत्त हो-हो उठती हैं; किन्तु आज तक, आज रात तक मैंने अंगारों की वर्षा करनेवाला ऐसा चिल्लाता हुआ तूफान नहीं देखा था। या तो

स्वर्ग में गृहयुद्ध छिड़ गया है या मनुष्यों से क्रुद्ध होकर देवजन सृष्टि का संहार करने पर तुल गए हैं।

**सिसरो :** क्यों, क्या तुमने कोई और भी आश्चर्यजनक बात देखी है?

**कास्का :** एक साधारण दास, जिसे तुमने भी देखा है, बायाँ हाथ उठाए खड़ा था जो ऐसा धू-धूकर जल रहा था जैसे बीस मशालें एक साथ जल रही हों, फिर भी न तो उसके हाथ को कुछ अनुभव हो रहा था, न वह जल ही रहा था। इसके अतिरिक्त मैंने एक सिंह को भी अपनी ओर घूरते देखा। वह बिना मुझसे अटके चला गया, लेकिन मैंने तभी से अपनी तलवार नहीं रखी है। और मैंने सैकड़ों स्त्रियों को देखा जो भय से मुमूर्षु हो रही थीं। उन्होंने मुझसे सौगन्ध खा-खाकर कहा कि उन्होंने पथों पर कुछ ऐसे व्यक्तियों को जाते हुए देखा, जिनके चारों ओर आग की लपटें हरहरा रही थीं। कल दोपहर तब ठीक बाज़ार में बैठा उल्लू बोल रहा था। जब इतने अपशकुन एक साथ ही हों, तब क्या मनुष्य को कहना चाहिए कि यह तो प्राकृतिक ध्वनियाँ हैं, इनसे डरने की कोई बात नहीं? मेरा तो यही विश्वास है कि जहाँ ऐसे अपशकुन होते हैं, वहाँ अवश्य ही दुर्घटनाएँ होती हैं।

**सिसरो :** सचमुच यह विचित्र समय है। किन्तु मनुष्य अपनी ही इच्छा के अनुकूल वस्तुओं को परिवर्तित कर लेता है। यहाँ तक कि वह वस्तुओं के मूल तात्पर्य तक को विस्मृत कर देता है। क्या कल सीज़र राजधानी जाएगा?

**कास्का :** वह अवश्य जाएगा। क्योंकि उसने ऐण्टोनियस से तुम्हें सूचना भिजवाई है कि वह कल वहाँ जाएगा।

**सिसरो :** तब विदा कास्का! ऐसे तूफान में बाहर रहना ठीक नहीं।

**कास्का :** विदा सिसरो!

**(सिसरो का प्रस्थान, कैशस का प्रवेश)**

**कैशस :** कौन है वहाँ?

**कास्का :** रोम का एक निवासी।

**कैशस :** आवाज़ से तो तुम कास्का लगते हो!

**कास्का** : तुम्हारे कान तेज़ हैं कैशस! आज कैसी रात है!

**कैशस** : ईमानदार लोगों के लिए तो यह बड़ी सुहावनी रात है।

**कास्का** : कौन जानता था कि आकाश इतना भयानक हो उठेगा।

**कैशस** : जो जानते हैं कि संसार पापों और अपराधों से भरा हुआ है वे यह भी जानते हैं कि उनका दण्ड भी मिलेगा। अपनी बात कहूँ? मैं तो भयानक और डरावनी रातों में गलियों में घूमा हूँ और वज्रों को सहने के लिए अपने वक्ष को खोले रखा है। जब लपलापाती खड्गों-सी टकराती चपल बिजली आकाश का वक्ष विदीर्ण कर देती है, तब मैं उसके असह्य प्रकाश में सीना खोलकर खड़ा हो जाता हूँ।

**कास्का** : किन्तु तुमने देवताओं को इतना उत्तेजित क्यों किया? जब सर्व-शक्तिमान देवता क्रुद्ध हो जाएँ और इस प्रकार भयानक इंगित करके हमें आतंकित करने लगें, तब मनुष्यों का कर्तव्य है कि वे भयभीत होकर काँपने लगें।

**कैशस** : तुम बड़े मूढ़ हो कास्का! रोम के एक निवासी में जीवन की जिस चिनगारी की आवश्यकता है वह या तो तुममें है ही नहीं या फिर तुम उसका प्रयोग करना नहीं जानते। आकाश का यह विचित्र उत्पात देखकर तुम पीले पड़ गए हो और आश्चर्यचकित-से विभ्रान्त हो गए हो। क्यों जल रही हैं ये अग्नियाँ, क्यों विचरण कर रहे हैं ये प्रेत, क्यों पक्षी और पशु अपना आचरण अस्वाभाविक कर उठे हैं, क्यों वृद्ध नादान हो गए हैं और बालकों में कैसे आ गई है यह गम्भीरता, क्यों प्रकृति के सहज नियमों में ऐसा परिवर्तन आ गया है? तनिक इसे ध्यान से सोचकर देखो और तभी तुम्हें विदित होगा, यह सब दैवी स्फुरण से हो रहा है। ये सब इस बात के द्योतक हैं कि कोई भयानक बात होनेवाली है। बताओ कास्का! क्या मैं उस व्यक्ति का नाम ले दूँ जो इस भयानक रात्रि की भाँति ही है, जो गर्जन करता है, चमकता है, कौंधता है, क़ब्रें जिसके कारण जमुहाई लेने लगती हैं, और जो राजधानी में केहरी की भाँति दहाड़ता है? वह आदमी व्यक्तिगत रूप से शक्ति में, न तो तुमसे अधिक बलिष्ठ है, न मुझसे ही, किन्तु वह भयानक रूप से बढ़ उठा है और प्रकृति की इन भयंकरताओं के समान ही भयंकर हो उठा है।

**कास्का :** तुम्हारा मतलब सीज़र से ही है न? है न यही बात?

**कैशस :** कोई भी हो, सीज़र हो या कोई भी हो। आज भी रोम के निवासियों में अपने पूर्वजों का-सा शारीरिक बल है। किन्तु हममें अपने पूर्वजों की-सी मेधा नहीं रही है। हममें अपनी माताओं की-सी भावना घुस आई है और हमारी यातना और दुःख-भार हमें स्त्री की भाँति निर्बल प्रमाणित कर रहे हैं।

**कास्का :** लोग कहते हैं कि कल सीनेट के सदस्य सीज़र को सम्राट बना देंगे और वह इटली को छोड़कर आसमुद्र पृथ्वी पर अपना मुकुट धारण करके एकछत्र शासन करेगा।

**कैशस :** उस समय मैं जानता हूँ कि मेरी कटार कहाँ रहेगी। कैशस ही कैशस को दासता से मुक्ति दिलाएगा। देवताओ! तुमने आत्मघात की शक्ति देकर निर्बलों को भी शक्तिवान बना दिया है। हे देवताओ! इसे देख अतिचारी भी पराजित हो जाते हैं। न तो पाषाण के स्तम्भ और मीनार, न ठोस धातु की दीवारें ही, न वायुहीन काल-कोठरियाँ, न लोहे की कठोर श्रृंखलाएँ ही, कुछ भी मनुष्य की आत्मा की दुर्दमनीय शक्ति को नहीं कुचल सकतीं। किन्तु जब मनुष्य सांसारिक बन्धनों से ऊब जाता है, तब उसे अपने जीवन का अन्त करने में हिचकिचाहट नहीं होती; क्योंकि यह सत्य मैं जानता हूँ, सारा संसार जान ले कि जिस अत्याचार से मैं दबा हुआ हूँ, जिसे सहन कर रहा हूँ, उसे आसानी से अपने ऊपर से उखाड़कर फेंक सकता हूँ।

**(आकाश में बिजली की कड़क)**

**कास्का :** कैशस! यह तो मैं भी कर सकता हूँ। इस प्रकार तो सारे दास अपने बन्धनों का नाश करने की शक्ति अपने हाथों में ही रखते हैं।

**कैशस :** किन्तु सीज़र अत्याचारी क्यों है! भोले कास्का! सीज़र अतिचारी है क्योंकि वह जानता है कि रोम-निवासी भेड़ें हैं! यदि रोम-निवासी इतने भीरु न होते, वह ऐसा सिंह कैसे बन जाता? विशाल अग्नि को चेताने की इच्छा करने वाले सदैव व्यर्थ के घास-फूस-तिनकों को इकट्ठा करके सुलगाते हैं। रोम निवासियों की निर्बलता देखकर ही सीज़र जैसा कुटिल

व्यक्ति अपने यश और गौरव की ज्वाला को प्रज्वलित करना चाहता है। किन्तु हाय रे मेरी वेदना! तूने मुझे कहाँ लाकर खड़ा कर दिया है? शायद मैं ऐसे व्यक्ति से बातें कर रहा हूँ जो स्वेच्छा से ही बना हुआ है। तब तो सम्भवतः मुझे दण्ड का भी भागी होना पड़े। किन्तु मैं सशस्त्र हूँ। मेरे लिए कोई भय नहीं, कोई खतरा नहीं।

**कास्का :** तुम कास्का से बातें कर रहे हो जो इधर की बात उधर नहीं कहता। लो, मेरा हाथ थामो। इन दुःखों का विनाश करने के लिए कर्मठ बनो और देखो कि मेरा पाँव आगे बढ़ने में किसी से भी पीछे नहीं रहेगा।

**कैशस :** अब तुम प्रतिश्रुत हुए कास्का! समझ गए न? मैंने कुलीन और अभिजात तथा मेधावी रोम-निवासियों को तैयार भी कर लिया है कि वे मेरे साथ एक ऐसे सम्मानित कार्य में सहायक हों जिसका परिणाम भयानक भी हो सकता है। मैं जानता हूँ कि इस समय पोम्पी की विशाल मेहराब के नीचे खड़े वे मेरी प्रतीक्षा कर रहे होंगे, क्योंकि इस भयानक रात में पथों पर कोई भी चलता-फिरता दिखाई नहीं दे रहा। देखो, जैसा कार्य हमने हाथों में उठाया है, आकाश भी उसी के अनुरूप खूनी, भयानक और अग्नियों से भरा हुआ-सा विकराल हो उठा है।

**कास्का :** थोड़ी देर के लिए इधर ही रहो, कोई बड़ी तेज़ी से आ रहा है।

**कैशस :** यह तो सिन्ना है, मेरा मित्र है। इसे तो मैं इसकी चाल से ही पहचान लेता हूँ।

**(सिन्ना का प्रवेश)**

**कैशस :** सिन्ना! इतनी तेज़ी से कहाँ जा रहे हो?

**सिन्ना :** तुम्हें ही ढूँढ रहा था। क्या तुम्हारे साथ मैटेलस सिम्बर है?

**कैशस :** नहीं, यह कास्का है। वह अब हमारी योजना में साथी है। क्या वे मेरी प्रतीक्षा नहीं कर रहे हैं सिन्ना?

**सिन्ना :** यह अच्छा हुआ। कैसी भयानक रात है! इनमें दो या तीन ऐसे हैं जिन्होंने बड़े विचित्र दृश्य देखे हैं।

**कैशस :** बताओ सिन्ना, क्या मेरी प्रतीक्षा की जा रही है?

**सिन्ना :** हाँ, तुम्हारी प्रतीक्षा की जा रही है। कैशस! क्या तुम वीर ब्रूटस

को अपनी ओर नहीं कर सकते?

**कैशस :** तुम इसकी चिन्ता मत करो। मेरे अच्छे सिन्ना, यह काग़ज़ लो और इसे न्यायाधीश की कुर्सी पर रख देना, जहाँ ब्रूटस को यह मिल जाएगा और इसे उसकी खिड़की में फेंक देना, इसे वृद्ध लूशियम जूनियस ब्रूटस की पुरानी मूर्ति पर मोम से चिपका देना। यह सब करके पोम्पी की मेहराब में आ जाना, हम तुम्हें वहीं मिलेंगे। क्या डेसियस, ब्रूटस और ट्रेबोनियस वहाँ पहुँच चुके हैं?

**सिन्ना :** मैटेलस सिम्बर के सिवाय वहाँ सब पहुँच चुके हैं। और वह तुम्हें ढूँढने तुम्हारे घर गया है। अच्छा, मुझे जल्दी चलने दो, ताकि जैसा तुमने कहा है इन काग़ज़ों को पहुँचा सकूँ।

**कैशस :** उसके बाद पोम्पी के थिएटर में आ जाना?

**(सिन्ना का प्रस्थान)**

**कैशस :** चलो कास्का! सूर्योदय से पहले ही हम-तुम ब्रूटस से उसके घर पर ही मिल आएँ। सौ में पिचहत्तर तो वह हमारी ओर है ही। एक बार और मिलने पर मैं उसे पूरा ही राज़ी कर लूँगा। वह हमारी बात मान जाएगा।

**कास्का :** ब्रूटस का तो प्रजा के हृदय में बहुत ही सम्मान है। यह कार्य, जो हमारे द्वारा पूर्ण होने पर अपराध-सा दिखाई देगा, उसकी उपस्थिति में या सहायता से होने पर वही ऐसे पवित्र हो जाएगा जैसे रसायनशास्त्री निम्न धातुओं को सुवर्ण बना देता है।

**कैशस :** उसको, उसकी योग्यता को और हमारे लिए उसकी आवश्यकता को तुमने ठीक ही समझा है। अब चलो। आधी रात बीत गई है और सुबह होने से पहले ही उसे जगाकर हम उसके विषय में निश्चित हो जाएँगे।

**(प्रस्थान)**

# दूसरा अंक

## दृश्य 1

**(रोम; ब्रूटस का बाग़)**

**(ब्रूटस का प्रवेश)**

**ब्रूटस :** अरे लूशियस! तारों की चाल देखकर मैं नहीं कह सकता कि सुबह होने में कितनी देर और है। लूशियस, सुना नहीं? काश, मुझमें भी ऐसी ही देर तक गहरी नींद सोने की कमज़ोरी होती। अरे, क्या समय हुआ लूशियस! क्या समय हुआ? कब जागेगा? मैं कहता हूँ, जाग लूशियस, जाग उठ!

**(लूशियस का प्रवेश)**

**लूशियस :** स्वामी ने मुझे बुलाया?

**ब्रूटस :** एक बत्ती मेरे अध्ययन के कमरे में जलाकर रख लूशियस! और मुझे आकर बता।

**लूशियस :** जो आज्ञा स्वामी! *(प्रस्थान)*

**ब्रूटस :** उसकी मृत्यु से ही रोम का उद्धार हो सकता है। वैसे मुझे तो और कोई व्यक्तिगत कारण नहीं दिखाई देता कि मैं उससे घृणा करूँ। किन्तु लोकहित के लिए ही मैं उसका निधन ठीक समझता हूँ। उसे राजमुकुट पहनाया जाएगा, क्या इससे उसका स्वभाव ही बदल जाएगा? यही तो प्रश्न है! खूब धूप निकलने पर ही तो साँप बाँबी से निकलता है और तब हमें सावधानी से चलने की आवश्यकता पड़ती है। राजमुकुट पहनाया जाएगा? इस प्रकार मैं सोचता हूँ उसमें हमारे द्वारा डंक पैदा किए जा रहे हैं, ताकि वह जब चाहे हमारे लिए खतरा पैदा कर सके। महानता

का दुरुपयोग तभी होता है जब शक्ति से दया को विच्छिन्न कर दिया जाता है। और सीज़र के बारे में तो सचाई यही है कि वह कार्य-कारण की विचार-शक्ति के स्थान पर भावुकता से अधिक काम लेता है। तो सर्वविदित सत्य है कि मनुष्य तुच्छता का प्रदर्शन करता हुआ ही महत्त्वाकांक्षा के सोपान पर चढ़ता है और चढ़नेवाला सामने ही देखता रहता है। किन्तु जब वह एक बार ऊपर बढ़ जाता है तब उसी सीढ़ी से पीठ फेरकर आकाश के मेघों में देखने लगता है और तब वह अपने नीचे की वस्तुओं से घृणा करने लगता है, उन्हीं से जिनके द्वारा वह ऊपर चढ़ता है। सीज़र भी तो ऐसा ही कर सकता है? इसलिए हमें उसकी ऐसी उन्नति रोकनी चाहिए। जैसा वह अब है उस पर लांछन लगाने से कोई फल नहीं निकलेगा, अतः हमें यों सोचना चाहिए कि यदि उसे और शक्तियाँ मिलती गईं तो वह और भी खतरनाक साबित होता जाएगा। उसे साँप के अण्डे की तरह समझना चाहिए जो यदि सेये जाने का स्वातन्त्र्य पा गया तो उसमें से एक भयानक उत्पाती साँप ही जन्म लेगा और भय का कारण बन जाएगा। उसे तो तब ही नष्ट कर देना चाहिए जब वह एक अण्डा ही है।

**(लूशियस का पुनः प्रवेश)**

**लूशियस :** श्रीमान! बत्ती आपके कमरे में जला दी गई है और जब मैं चकमक पत्थर के लिए खिड़की टटोल रहा था मुझे यह *(कागज देते हुए)* एक मुहरबन्द लिफाफा पड़ा मिला। मुझे पूरा विश्वास है कि जब मैं सोने गया था तब यह वहाँ नहीं था।

**ब्रूटस :** छोकरे! तू सोने जा। अभी दिन नहीं हुआ है। क्यों रे! क्या कल 15 मार्च तो नहीं है?

**लूशियस :** मैं नहीं जानता स्वामी!

**ब्रूटस :** जाओ कैलेण्डर में देखो और मुझे बताओ।

**लूशियस :** जो आज्ञा स्वामी! *(प्रस्थान)*

**ब्रूटस :** आकाश के चमकते तारों का ही इतना प्रकाश है कि मैं इसे पढ़ सकता हूँ।

(पत्र खोलकर पढ़ता है।)

**ब्रूटस** : 'ब्रूटस, तुम सो रहे हो, जागो! देखो, तुम क्या हो! क्या रोम इत्यादि'–'बोलो, आक्रमण करो, उद्धार करो!' 'ब्रूटस, तुम सो रहे हो, जागो!' इस तरह जो मुझे भड़काने की चेष्टाएँ की जाती हैं, उन्हें मैं अच्छी तरह समझ गया हूँ। 'क्या रोम इत्यादि'...इसका क्या अर्थ हो सकता है? खयाल से इसका मतलब होगा–क्या रोम एक व्यक्ति के आतंक में रहेगा? कौन-सा रोम! मेरे पूर्वजों ने ही टारक्विन को रोम की गलियों से खदेड़ दिया था जबकि उसे सम्राट बनाया जा रहा था। 'बोलो, आक्रमण करो, उद्धार करो!' क्या मुझसे बोलने, आक्रमण करने और उद्धार करने की प्रार्थना की जा रही है! रोम! ओ रोम! मैं तुमसे प्रतिश्रुत होता हूँ कि यदि उद्धार का प्रश्न आया तो ब्रूटस के हाथों से तुझे पूर्ण सहयोग प्राप्त होगा।

(लूशियस का प्रवेश)

**लूशियस** : श्रीमान! मार्च के चौदह दिन बीत चुके हैं।

(द्वार पर खटखटाहट सुनाई देती है।)

**ब्रूटस** : अच्छा देख। दरवाज़े पर जा। कोई खटखटा रहा है।

(लूशियस का प्रस्थान)

**ब्रूटस** : जब से कैशस ने मुझे पहली बार सीज़र के विरुद्ध उकसाया है, तब से मैं सोया ही नहीं हूँ। किसी भयानक कार्य के आरम्भ से उसके समाप्त होने तक का समय कितना घृणित दुःस्वप्न-सा होता है। तब तर्क और नैतिकता में वाद-विवाद खड़ा होकर संघर्ष छिड़ जाता है और उस समय मनुष्य वैसा ही हो जाता है जैसे कि राज्य में भयानक विप्लव खड़ा हो गया हो।

(लूशियस का पुनः प्रवेश)

**लूशियस** : श्रीमान! द्वार पर आपके बहनोई हैं जो आपसे मिलना चाहते हैं।

**ब्रूटस** : क्या वे अकेले हैं?

**लूशियस** : नहीं श्रीमान! उनके साथ और भी हैं।

**ब्रूटस** : तू उन्हें जानता है?

**लूशियस** : नहीं श्रीमान! उनके टोप तो कानों तक झुके हुए हैं और आधे चेहरे चोगों में ढके हुए हैं। कोई चिह्न नहीं है कि मैं उन्हें पहचान सकूँ।

**ब्रूटस** : उन्हें आने दे।

**(लूशियस का प्रस्थान)**

**ब्रूटस** : वे षड्यन्त्रकारी हैं। ओ षड्यन्त्र! सारी बुराइयाँ जब स्वतन्त्र विचरण करती हैं, क्या तुम उस रात में भी अपनी भयानक भृकुटियाँ दिखाने में लज्जित होते हो? यदि यही सत्य है तो बताओ कि दिन में अपनी विकराल मुखाकृति छिपाने के लिए तुम्हें इतना सघन और व्यापक अन्धकार कहाँ मिलेगा? अरे षड्यन्त्र! मत ढूँढ कोई शरण? तू अपने को विनम्रता और मुस्कराहट के चोगों में ही छिपाए रख! क्योंकि यदि अपनी-अपनी प्राकृतिक गतियों को छोड़ दिया गया तो याद रख कि नरक का घना अन्धकार भी तुझे छिपाते समय धुँधला पड़ जाएगा और तू उस पर भी चमक उठेगा!

**(कैशस, कास्का, डेसियस, सिन्ना, मैटेलस सिम्बर और ट्रैबोनियस का प्रवेश)**

**कैशस** : नमस्कार ब्रूटस! मेरा खयाल है, हमने आपकी नींद में ख़लल डाला है। क्या हमने आपको कष्ट दिया है?

**ब्रूटस** : नहीं। दरअसल मुझे रात-भर नींद नहीं आई और मुझे जागे घण्टेभर से ज्यादा हुआ। क्या मैं जान सकता हूँ कि तुम्हारे साथ आने-वाले ये कौन लोग हैं?

**कैशस** : हाँ, हर एक से मुलाकात कराऊँगा। इनमें से प्रत्येक तुम्हारा सम्मान करता है और प्रत्येक चाहता है कि जो धारणा तुम्हारे बारे में प्रत्येक रोम निवासी में है, वही तुममें भी अपने विषय में जाग्रत हो। देखो! यह ट्रैबोनियस है।

**ब्रूटस** : स्वागत है!

**कैशस** : यह डेसियस ब्रूटस है।

**ब्रूटस** : स्वागत!

**कैशस** : यह कास्का है, यह सिन्ना है और यह मैटेलस सिम्बर है।

**ब्रूटस** : मैं आपका स्वागत करता हूँ। ऐसी कौन-सी बड़ी चिन्ता है जिसने आपकी नींद को आपकी आँखों से छीन लिया है?

**कैशस** : क्या मैं आपसे एक बात कह सकता हूँ?

**(ब्रूटस और कैशस कानाफूसी करते हैं।)**

**डेसियस** : यह पूर्व है। क्या इधर ही से सूर्य नहीं निकलता है?

**कास्का** : नहीं।

**सिन्ना** : क्षमा करें। इधर से ही निकलता है। बादलों में जो सफेद-सी रेखाएँ दिखलाई पड़ती हैं यह इसी की सूचना है कि दिन निकलने वाला है।

**कास्का** : तुम यह मानोगे कि तुम दोनों ही गलती कर रहे हो! सूर्य उधर ही से निकलता है जिधर मैं अपनी तलवार से इशारे कर रहा हूँ। आजकल वह दक्षिणाभिमुख होता है। आज से दो मास उपरान्त वह आकाश में उत्तर की ओर चढ़कर निकलेगा, जिधर कि वहाँ से राजधानी है।

**ब्रूटस** : *(लौटकर)* आओ, एक-एक कर तुम सब मुझसे हाथ मिलाओ।

**कैशस** : आओ! हममें से प्रत्येक को अपने निश्चय के लिए शपथ खानी चाहिए।

**ब्रूटस** : नहीं, शपथ नहीं। यदि मनुष्यों के वेदनाग्रस्त मुख, हमारी आत्माओं की व्यवस्थाएँ, युग की विकृतियाँ स्वयं हमें ही शपथ-ग्रहण करने को प्रेरित नहीं करें तो हमें इस योजना को नष्ट करके ही रहना चाहिए, ताकि हममें से प्रत्येक घर जाकर सो रहे और अत्याचारों को इतना बढ़ जाने दे कि एक दिन अन्त में एक-एक करके सभी उसके शिकार बन जाएँ। किन्तु जैसा कि मुझे विश्वास है कि इनमें से प्रत्येक में उतनी ही दृढ़ता है कि जो निर्वीर्यों को भी स्फुरित कर दे, जो कोमला-कमनीया नारियों को भी वीरता का लौह कवच पहना दे। तो मेरे देश-बन्धुओ! हमारे उद्देश्य से बढ़कर हमें प्रेरणा देने की शक्ति और क्या हो सकती है? वही हमें उद्धार

की ओर आगे बढ़ाएगी। एकान्त में सम्मिलित रोम के निवासियों के लिए और किस बन्धन की आवश्यकता है? उनका तो वचन ही बहुत है। ईमानदारी से बढ़कर और कौन-सी ईमानदार सौगन्ध हो सकती है? या तो हम सब साथ खड़े होंगे या साथ ही नष्ट हो जाएँगे—यही काफी है। शपथ तो पुरोहित, कायर और कुटिल, जघन्य, नीच, वृद्ध या अत्याचारों का स्वागत करनेवाले निर्बल मनुष्य ग्रहण करते हैं। जिनके विषय में लोग शंका करते हैं वे ही अपनी कुटिलताओं को छिपाने के लिए सौगन्ध खाते हैं। किन्तु हम अपने महान कार्य पर और अपनी स्वतन्त्र आत्मा पर शपथ के बन्धन बाँधकर क्यों उन्हें लांछित करें? हमारे कार्य को, उद्देश्य को शपथ की कोई आवश्यकता नहीं है। की हुई प्रतिज्ञा में से यदि कोई रोम का वीर निवासी तनिक भी विचलित होता है तो प्रत्येक रोम-निवासी के शरीर के लहू की प्रत्येक बूँद पाप का भाग धारण करती है।

**कैशस :** किन्तु सिसरो के विषय में क्या रहा? क्या उसको हम अपनी ओर मिलाने के लिए उसका मन टटोलें? मेरा विचार है कि उसका हमसे मिलना हमारे लिए बहुत बड़ी शक्ति होगी।

**कास्का :** हमें उसे किसी प्रकार नहीं छोड़ना चाहिए।

**सिन्ना :** किसी भी हालत में नहीं छोड़ना चाहिए।

**मैटेलस :** उसे साथ लेना चाहिए। उसके श्वेत केश हमारे प्रति प्रजा में सम्मान उत्पन्न कर देंगे। लोग हमारे कार्य की प्रशंसा करेंगे। लोग कहेंगे कि उस वयोवृद्ध की आज्ञा ने ही हमारे हाथों का संचालन किया। उसकी गम्भीरता में हमारे यौवन का आवेश बिलकुल छिप जाएगा।

**ब्रूटस :** अरे, उसका नाम मत लो। हमें उसे अपनी गुप्त बात नहीं बतानी चाहिए, क्योंकि वह कभी दूसरों के नाम प्रारम्भ किए हुए किसी काम को नहीं करेगा।

**कैशस :** तो फिर उसे छोड़ो।

**कास्का :** सचमुच! वह साथ लिए जाने के योग्य ही नहीं।

**लूशियस :** क्या सीज़र के अतिरिक्त और किसी पर प्रहार नहीं होगा?

**कैशस :** डेनियस ने बहुत माक़ूल सवाल उठाया है। मेरे विचार से सीज़र की मृत्यु के बाद मार्क ऐण्टोनी को जीवित छोड़ देना उचित नहीं होगा।

वह सीज़र का अत्यन्त प्रिय पात्र है। वह फिर हमें बड़े षड्यन्त्र रचता हुआ दिखाई देगा। उसके तो साधन भी आप जानते ही हैं, यदि वह उनका प्रयोग करे तो वह उन्हें इतना फैला सकता है कि हम सबकी नाक में दम आ जाए। इसीलिए यह सब रोकने के लिए सीज़र और ऐण्टोनी दोनों की हत्या साथ ही होनी चाहिए।

**ब्रूटस :** तब तो हमारा कार्य बहुत ही खूनी दिखाई पड़ेगा, कैशस! सिर काटकर अंगों के टुकड़े-टुकड़े करता हुआ जैसे कोई क्रुद्ध हत्यारा हो, ऐसे ही तो लगेंगे हम लोग, क्योंकि ऐण्टोनी तो सीज़र का एक अंग है। हमें एक पवित्र कार्य के लिए बलि देनी है, न कि हमें वधिक बनना है कैशस! हम सभी सीज़र की भावनाओं के विरुद्ध खड़े हुए हैं। हम लोगों की आत्मा में हत्या की भावना नहीं। कितना अच्छा होता यदि हम सीज़र की भावना पर विजय प्राप्त करते और हत्या करने की हमें आवश्यकता ही नहीं पड़ती! किन्तु दुर्भाग्य से हमें सीज़र की हत्या ही करनी पड़ेगी। मेरे अच्छे दोस्तो! आओ, हम वीरता से उसे मारें, न कि क्रोध के दास होकर। हम उसे देवताओं के लिए बलिदान बनाएँ, न कि उसके मांस को शिकारी कुत्तों के लिए आयोजित करें! आओ, हम अपने हृदय में भावों को बुलाकर स्वामियों की भाँति कार्य पूर्ण हो जाने तक रहने दें और फिर उन्हें शान्त कर दें। इस प्रकार हम आवश्यकता की भावना से प्रेरित होंगे और साधारण व्यक्तियों को विद्वेष से परिचालित नहीं दिखाई देंगे। हम उद्धारक समझे जाएँगे, हत्यारे नहीं। और मार्क ऐण्टोनी? उसकी चिन्ता मत करो। जब सीज़र का ही सिर नहीं रहेगा तो वह उसकी भुजा ही तो है, कर भी क्या सकेगा?

**कैशस :** फिर भी मैं उससे डरता हूँ, क्योंकि उसके हृदय में सीज़र के प्रति जो प्रेम है...

**ब्रूटस :** मेरे अच्छे कैशस! उसकी चिन्ता छोड़ दो! यदि वह सीज़र से प्रेम करता है तो वह इतना-भर कर सकता है कि उसकी मृत्यु के उपरान्त स्वयं भी मर जाए। किन्तु वह यह सब नहीं कर सकेगा क्योंकि वह खेलों का बहुत शौक़ीन है और संगीत बहुत चाहता है, आवेशप्रिय है।

**ट्रैबोनियस :** उससे कोई डर नहीं है। उसके मरने की कोई आवश्यकता नहीं

है। क्योंकि वह जीवित रहेगा और बाद में इस पर हँसा करेगा।

**(गज़र बजता है।)**

**ब्रूटस** : शान्त रहकर आवाज़ गिनो।

**कैशस** : घड़ी ने तीन बजाए हैं।

**ट्रैबोनियस** : अब हमारे विदा होने का समय है।

**कैशस** : किन्तु अभी यह सन्देहास्पद है कि सीज़र वहाँ आज जाएगा या नहीं। क्योंकि इधर कुछ दिनों से वह अन्धविश्वासी हो गया है और अब तक जो वह स्वप्न, कल्पनाओं तथा उत्सवों के विषय में रायें बनाए हुए था वे सब बदल गई हैं। यह हो सकता है कि वह इन प्रकट अपशकुनों से, रात्रि की अस्वाभाविक भयंकरता से या अपने ज्योतिषियों के आग्रह से रोका जाकर आज राजधानी ही नहीं आए।

**डेसियस** : इस बात का भय छोड़ दो। यदि ऐसा उसका निश्चय भी हो तो मैं उसे बदल दूँगा। यूनीकान नामक जन्तु को वृक्षों से धोखा दिया जा सकता है, रीछ को दर्पण से छला जा सकता है, हाथियों को गड्ढों में धोखा देकर पकड़ा जा सकता है, सिंहों को जाल में फँसाकर धोखा दिया जा सकता है, मनुष्यों को चापलूसी से धोखा देना सम्भव है—ऐसी बातें सुनने का सीज़र बहुत शौक़ीन है, क्योंकि वह दुनिया में सबको नीचा समझकर अपने को श्रेष्ठ समझता है। मैंने कहा कि आदमियों को चापलूसी से धोखा दिया जा सकता है, किन्तु सीज़र को नहीं, क्योंकि वह चापलूसी से घृणा करता है, तो वह बोला, 'हाँ, मैं घृणा करता हूँ।' परन्तु सचाई यह है कि वह सबसे अधिक चापलूसी करता है। अब यह काम मुझे करने दो, क्योंकि उसकी निर्बलता का लाभ उठाना मेरा ही काम है। मैं उसे राजधानी ले आऊँगा।

**कैशस** : नहीं, उसे लाने के लिए हम सभी वहाँ चलेंगे।

**ब्रूटस** : आठ बजे ठीक रहेगा न? या और देर में?

**सिन्ना** : हाँ, यही समय ठीक रहेगा। हम सबको इस समय तक वहाँ पहुँच जाना चाहिए।

**मैटेलस** : कैस लिगारियस सीज़र से बहुत घृणा करता है, क्योंकि उसने जब

पोम्पी की प्रशंसा की थी तो सीज़र ने बहुत कुछ बुरा-भला कहा था। मुझे ताज्जुब होता है कि आपमें से किसी ने भी उसके बारे में नहीं सोचा।

**ब्रूटस** : भद्र मैटेलस! तुम अब उसके पास जाओ। वह विशेष कारणों से मेरा प्रेमी है। उसे मेरे पास भेज देना और उसे मैं अपनी ओर कर लूँगा।

**कैशस** : अब भोर हो रही है ब्रूटस। हम लोग तुम्हें छोड़कर जाते हैं। मित्रो! अब तितर-बितर हो जाओ। किन्तु जो तुमने कहा है उसे याद रखो और अपने को सच्चा रोम-निवासी प्रमाणित करना।

**ब्रूटस** : अच्छा मित्रो! तेजस्वी और प्रसन्न दिखाई दो। हमारी आँखों में हमारा उद्देश्य न छलक आए! कठोर आत्मसंयम, गम्भीरता और शान्ति से सब कुछ धारण करो जैसे हमारे रोम के अभिनेता सब कुछ करते हैं। अच्छा नमस्कार।

**(सबका प्रस्थान; ब्रूटस रह जाता है।)**

**ब्रूटस** : अरे छोकरे! लूशियस! फिर सो गया? गहरी नींद में खो गया? कोई बात नहीं, नींद की मधुरिमा का आनन्द ले लो। न तुझे कल्पना का भय है न किसी व्याघात का। वे तो मनुष्यों के मस्तिष्क में चिन्ता के कारण जन्म लेते हैं। सो, तभी तो तू गहरी नींद की गोद में सब कुछ भूल जाता है।

**(पोर्शिया का प्रवेश)**

**पोर्शिया** : मेरे स्वामी ब्रूटस!

**ब्रूटस** : कौन? पोर्शिया! तुम हो! तुम अभी से क्यों जाग गई? तुम्हारे दुर्बल स्वास्थ्य के लिए यह हितकर नहीं होगा कि तुम सुबह की व्याप्ती ठण्ड में इस तरह घूमो।

**पोर्शिया** : किन्तु यह हवा तो तुम्हारे लिए भी उतनी ही हानिकारक है। तुम बड़ी निष्ठुरता से चुपचाप मेरी शय्या से उठकर चले आए ब्रूटस! और कल रात भी तुम अचानक उठकर खाना छोड़कर सीने पर हाथ बाँधकर टहलने लगे! क्या चिन्ता थी? कैसी आहें भरते थे? और जब मैंने पूछा कि क्या बात थी, तुमने अत्यन्त कठोरता से मेरी ओर देर तक घूरा था।

जब मैंने अधिक पूछा तो तुम सिर खुजलाने लगे थे और बड़े ज़ोर से तुमने धरती पर पाँव पटका था। फिर भी मैंने पूछा तो तुमने उत्तर नहीं दिया और हाथ से क्रुद्ध होकर इशारा दिया कि मैं तुमको छोड़कर चली जाऊँ। कहीं तुम्हारा क्रोध बढ़ न जाए इस भय से उस समय मैं चली आई थी, क्योंकि मैं समझ रही थी कि यह भी मनुष्यों का-सा क्षणिक क्रोध ही होगा। न यह तुम्हें खाने देता है, न बात करने देता है, न सोने ही देता है। जो तुम्हारे मुख और स्वभाव पर अपनी छाया डाल सकता है मेरे प्रिय स्वामी ब्रूटस! क्या मैं उस दुःख का कारण नहीं जान सकती?

**ब्रूटस** : मेरी तबीयत ठीक नहीं है, बस यही कारण है।

**पोर्शिया** : ब्रूटस बुद्धिमान व्यक्ति हैं। यदि उनका स्वास्थ्य ठीक नहीं होता तो वे अवश्य उसे ठीक करने के उपाय करते।

**ब्रूटस** : यही तो मैं कहता हूँ पोर्शिया! तुम सोने जाओ न।

**पोर्शिया** : यदि ब्रूटस अस्वस्थ होता तो क्या वह बिना कपड़े पहने भोर की ओस की नमी और ठण्ड में यों घूमता रहता? यदि वह बीमार होता तो क्या उसे चारपाई छोड़कर रात की अशुद्ध वायु का सेवन करके बीमारी को बढ़ाने के लिए बाहर आ जाना चाहिए था? नहीं मेरे ब्रूटस! तुम्हें कोई मानसिक रोग हो गया है जिसे तुम्हारी अर्धांगिनी होने के नाते मुझे जानने का अधिकार है। मैं अपने जानु नत करके प्रार्थना करती हूँ, अपने उस अतीत के यौवन की, उस सौन्दर्य की, उस प्रेम की और विवाह के समय की पवित्र प्रतिज्ञा की सौगन्ध देकर कहती हूँ कि तुम अपने दुःखी होने का कारण अपनी पत्नी पोर्शिया को बता दो। और वे कौन लोग थे जो आज रात तुमसे मिलने आए थे? वे छह या सात के लगभग थे और अँधेरे में भी अपने चेहरों को छिपाए हुए थे।

**ब्रूटस** : प्रिये पोर्शिया, उठो! घुटनों के बल मत बैठो।

**पोर्शिया** : यदि तुम नम्र होते तो मुझे इसकी कोई आवश्यकता नहीं होती ब्रूटस! सच कहो ब्रूटस! क्या विवाह-सम्बन्ध के नियमों के अनुसार मुझे यह अधिकार नहीं है कि मैं तुम्हारे रहस्यों को जान सकूँ? क्या मेरा और तुम्हारा साथ भोजनों में, आराम में, और सोने के समय, और कभी-कभी बात करने तक में ही सीमित है? क्या मेरा तुम्हारे हृदय पर अधिकार

नहीं है—क्या मैं उसके बाहर-बाहर ही बनी रहूँ? यदि मैं तुम्हारे रहस्यों को नहीं जान पाती तो क्या मैं तुम्हारी पत्नी हूँ ब्रूटस! नहीं, तब तो मैं केवल रखैल हूँ।

**ब्रूटस :** तुम मेरी सच्ची और आदरणीया पत्नी हो। तुम मुझे उतनी ही प्रिय हो जितनी कि वे रक्त की लाल बूँदें जो मेरे विषण्ण हृदय तक पहुँचती हैं।

**पोर्शिया :** यदि यह सत्य है तो मुझे यह रहस्य जानना ही चाहिए। मैं मानती हूँ कि मैं स्त्री हूँ, किन्तु हूँ तो ऐसी स्त्री जो श्रीमान ब्रूटस की पत्नी है। मैं स्त्री हूँ, यह तो स्वीकार करती हूँ, किन्तु हूँ तो यशस्वी केटो की पुत्री! ऐसे पति की पत्नी और ऐसे पिता की पुत्री होकर भी क्या तुम समझते हो कि फिर भी मैं अपनी स्त्री जाति से अधिक सबल नहीं हूँ? मुझे अपने रहस्य बताओ। मैं उन्हें प्रकट नहीं करूँगी। मैंने अपनी दृढ़ता का परिचय स्वयं अपनी जाँघ में घाव करके दिया था। क्या मैं उसे शान्तिपूर्वक सह सकती थी और अब अपने ही पति के भेदों को गुप्त नहीं रख सकूँगी!

**ब्रूटस :** ओ देवताओ! मुझे अपनी कुलीन पत्नी के योग्य बनाओ!

**(द्वार खटखटाने की ध्वनि)**

सुनो! सुनो! कौन द्वार खटखटाता है? पोर्शिया, तनिक भीतर चली जाओ! धीरे-धीरे तुम मेरे हृदय के सारे भेद जान जाओगी। मैं अपनी समस्त योजनाओं तथा अपने मुख को उदासीन रखने के कारणों को बता दूँगा। इस समय शीघ्र भीतर चली जाओ।

**(पोर्शिया का प्रस्थान)**

लूशियस! दरवाज़ा कौन खटखटा रहा है?

**(लूशियस और लिगारियस का प्रवेश)**

**लूशियस :** ये एक बीमार आदमी हैं, ये आपसे बातें करना चाहते हैं।

**ब्रूटस :** कैस लिगारियस! जिसके विषय में मैटेलस ने कहा था!

**लूशियस :** तुम जाओ कैस लिगारियस! क्या बात है? इतने बीमार कैसे नज़र आते हो!

**लिगारियस :** एक अस्वस्थ मनुष्य का प्रणाम स्वीकार करने की कृपा करिए।

**ब्रूटस :** उफ! वीर लिगारियस! तुमने भी बीमार पड़ने के लिए कौन-सा समय चुना है! काश, तुम तन्दुरुस्त होते!

**लिगारियस :** यदि ब्रूटस के पास कोई सम्माननीय महान कार्य मेरे योग्य है तो मैं बीमार नहीं हूँ।

**ब्रूटस :** है। मेरे पास ऐसा ही काम है। बशर्ते तुममें उसके योग्य स्वास्थ्य और क्षमता हो।

**लिगारियस :** रोम के निवासियों के समस्त पूज्य देवताओं की शपथ, मैं अपनी अस्वस्थता का परित्याग करता हूँ। वीर पुत्र! रोम के प्राण! पवित्र जननी के पुत्र! एक जादूगर की भाँति तुमने मेरी मृत चेतना को पुनरुज्जीवित कर दिया है। आज्ञा दो! मैं असम्भव को सम्भव कर दिखाऊँगा, बाधाओं को पराजित कर दूँगा। कहो क्या करूँ?

**ब्रूटस :** ऐसा काम जो रुग्णों को स्वस्थ बना दे।

**लिगारियस :** किन्तु क्या आज के कुछ स्वस्थ प्राणी इसके परिणामस्वरूप रुग्ण नहीं हो जाएँगे?

**ब्रूटस :** वहाँ, वह भी हमारे कार्य का एक भाग है। जो हो, राह चलते में उसके घर की ओर जाते हुए मैं तुम्हें सब बताऊँगा, जिसका इससे सारा सम्बन्ध है।

**लिगारियस :** चलो। नवीन रूप से जाग्रत हृदय लेकर मैं उस कार्य को करने तुम्हारे पीछे चलता हूँ जिसे मैं नहीं जानता। मेरे लिए यही काफी है कि ब्रूटस मेरा नेतृत्व कर रहा है। *(प्रस्थान)*

## दृश्य 2

**(रोम; सीज़र के प्रस्थान का कमरा)**

**(बिजली और कड़क। सीज़र रात्रि-वस्त्र पहने प्रवेश करता है।)**

**सीज़र :** आज रात आकाश और पृथ्वी दोनों ही अधीर हो उठे हैं। तीन

बार नींद में कैल्पूर्निया चिल्लाई है, 'बचाओ! बचाओ! वे सीज़र की हत्या कर रहे हैं! भीतर कौन हैं?'

(एक सेवक का प्रवेश)

**सेवक** : प्रभु!

**सीज़र** : जाकर पुजारियों से कहो कि देवताओं को एक बलि प्रस्तुत करें। और कहाँ तक उन्हें सफलता मिलती है उसके समाचार लाओ।

**सेवक** : जो आज्ञा स्वामी! *(प्रस्थान)*

(कैल्पूर्निया का प्रवेश)

**कैल्पूर्निया** : सीज़र! क्या आज तुम जाओगे? नहीं, आज तुम घर से हिलोगे भी नहीं।

**सीज़र** : सीज़र अवश्य जाएगा। जो बातें मुझे भयभीत करना चाहती हैं वे मेरे सामने आ ही नहीं सकतीं। जब वे सीज़र का मुख देखेंगी तो सब लुप्त हो जाएँगी।

**कैल्पूर्निया** : सीज़र! मैंने कभी अपशकुनों में विश्वास नहीं किया, किन्तु आज मैं डर रही हूँ। जो कुछ हमने देखा-सुना है, उससे भी भयानक और विकराल बातें जानने वाला एक व्यक्ति इस समय घर के भीतर है जो यह सब एक ऐसे चौकीदार से सुनकर आया है, जिसने स्वयं अपनी आँखों से देखा कि सड़कों पर एक सिंहनी बच्चों को जनकर गर्जना कर रही है, क़ब्रें खुल गई हैं और मुर्दे उनसे बाहर निकल पड़े हैं। भीषण अग्नि जैसे योद्धा मेघों में लड़ रहे हैं और उनकी सेनाओं के तुमुल निनाद की प्रतिध्वनि उठ रही है। राजधानी पर उनका रुधिर बरस रहा है। अन्तराल में भयानक युद्ध का निनाद हो रहा है। घोड़े हिनहिना रहे हैं और मरते हुए घायल व्यक्ति कराह रहे हैं। राहों पर भूत-प्रेत चीखते-चिल्लाते घूम रहे हैं। ओ सीज़र! यह सब नितान्त अस्वाभाविक है। इसी से मुझे डर लग रहा है।

**सीज़र** : जिसका आयोजन महाबली देवताओं ने किया, उसे क्या रोका जा सकता है? लेकिन सीज़र जाएगा। ये अपशकुन तो संसार के लिए भी उतने ही बुरे हैं जितने सीज़र के लिए!

**कैल्पूर्निया :** धूमकेतु भिखारियों की मृत्यु के लिए नहीं दिखाई देते। केवल राजकुमारों के लिए ही स्वयं आकाश भी दाह से सुलग उठता है।

**सीज़र :** अपनी मौत से पहले कायर ही अनेक बार मरते हैं, किन्तु वीर लोग केवल एक ही बार मृत्यु का आस्वादन करते हैं। आज तक जो आश्चर्यजनक बातें मैंने सुनी हैं, उन सब में मुझे सबसे अधिक विस्मय इस बात पर होता है कि मनुष्य उस मृत्यु से भयभीत हो जो कि अवश्यम्भावी रूप से आएगी और अपने निश्चित समय पर आ उपस्थित होगी।

**(सेवक का पुनः प्रवेश)**

**सीज़र :** ज्योतिषियों ने क्या विचार किया?

**सेवक :** वे चाहते हैं कि आज आप घर से न निकलें क्योंकि बलिपशु का शरीर खोलने पर उन्हें उनके भीतर हृदय ही नहीं मिला।

**सीज़र :** देवता इस प्रकार मनुष्य की भीरुता को धिक्कारते हैं। यदि भयभीत होकर सीज़र घर में ही रह गया तो वह भी एक हृदयहीन पशु की भाँति ही होगा। नहीं, सीज़र नहीं रुकेगा। आज व्याघात जान ले कि सीज़र स्वयं उससे भी अधिक भयानक है। आज भय जान ले कि हम दोनों का सिंहों की भाँति एक ही दिन जन्म हुआ था और मैं ही ज्येष्ठ हूँ, अधिक भयानक हूँ। और सीज़र अवश्य जाएगा।

**कैल्पूर्निया :** मेरे स्वामी! हाय! आपके विश्वास ने आपकी बुद्धि का हरण कर लिया है। आज मत जाइए। इसे मेरा ही भय मानिए, अपना नहीं, जो आपको घर में ही रोके रहना चाहता है। हम सीनेट-गृह में मार्क ऐण्टोनी को भेज देंगे और वह कह देगा कि आज आपका स्वास्थ्य ठीक नहीं है। मैं जानु नत आपसे विनती करता हूँ कि मेरी प्रार्थना स्वीकार करिए।

**सीज़र :** मार्क ऐण्टोनी कहेगा मैं बीमार हूँ। तुम्हारी खुशी के लिए मैं घर ही में रह जाऊँगा।

**(डेसियस का प्रवेश)**

यह डेसियस ब्रूटस आ गया! यही वहाँ जाकर सब कुछ कह देगा।

**डेसियस** : सीज़र की जय! मैं अभिवादन करता हूँ समर्थ सीज़र! मैं तुम्हें सीनेट-गृह ले चलने आया हूँ।

**सीज़र** : तुम बड़े अच्छे मौके से आए। सीनेट के सदस्यों के लिए मेरी शुभ कामनाएँ ले जाओ और उनसे कह देना कि आज मैं नहीं आऊँगा। मैं नहीं आ सकता, यह तो झूठ है, और यह भी झूठ है कि मुझमें जाने का साहस नहीं। डेसियस, आज मैं नहीं आऊँगा, बस इतना ही कह देना।

**कैल्पूर्निया** : कह देना वे बीमार हैं।

**सीज़र** : क्या सीज़र झूठी खबर भेजेगा? क्या मैंने विजय पर विजय पाकर इसलिए अपनी भुजाएँ इतनी विस्तृत-विशाल बनाई हैं कि वृद्धों से सत्य कहते हुए भयभीत होऊँ? डेसियस! जाओ, कह दो आज सीज़र नहीं आएगा।

**डेसियस** : परम समर्थ सीज़र। मुझे भी तो कोई बात बताएँ, ताकि जब मैं उन लोगों से जाकर कहूँगा तो वे मुझ पर हँस न पड़ें।

**सीज़र** : कारण! कारण मेरी इच्छा है। मैं नहीं आऊँगा। सीनेट को सन्तुष्ट करने को यही काफ़ी है। किन्तु तुम्हारे व्यक्तिगत सन्तोष के लिए, क्योंकि मैं तुम्हें चाहता हूँ, मैं तुम्हें बता दूँगा। यह मेरी पत्नी कैल्पूर्निया आज मुझे घर ही रोक रखना चाहती है। उसने रात में स्वप्न में मेरी मूर्ति को देखा है, जिसमें सैकड़ों छेद हो गए हैं और उनमें से लाल-लाल लहू सोतों की तरह बह रहा है और बहुत से सतृष्ण रोम-निवासी युवक वहाँ हँसते हुए आकर उस रुधिर में अपने हाथ धोते हैं। वह इससे यह अभिप्राय निकाल रही है कि मेरे जीवन पर कोई आपत्ति आने वाली है, क्योंकि यह अपशकुन है। उसने जानु नत होकर मुझसे न जाने की प्रार्थना की है।

**डेसियस** : इस स्वप्न का तो गलत मतलब लगाया गया है। यह तो सौभाग्य सूचक स्वप्न है। तुम्हारी मूर्ति में से कई धारों में रुधिर बह रहा था जिसमें कितने भी मुस्कराते हुए रोम-निवासी हाथ धो रहे थे—यह सब तो इस बात का द्योतक है कि महान रोम देश तुमसे सदैव स्फूर्ति प्राप्त करेगा और असंख्य मनुष्य तुम्हारे निकट एकत्र होकर तुमसे चिह्न-स्वरूप कुछ प्राप्त करके सम्मानित होंगे। कैल्पूर्निया का स्वप्न यही सूचित करता है।

**सीज़र :** तुमने इस प्रकार इसका अच्छा अर्थ लगाया है!

**डेसियस :** जब आपने सुना है कि मैंने यह अर्थ निकाला है तो क्या कहूँ, केवल यही कि मैंने यही समझा है। सीनेट ने निश्चय किया है आज वह महान सीज़र को राजमुकुट भेंट करेगी और यदि आज यह समाचार भेजा जाएगा कि 'मैं नहीं आऊँगा' तो शायद उसके विचार बदल जाएँ। इसके अतिरिक्त यदि कोई यह कहकर उपहास करे कि 'सीनेट को तब तक स्थगित कर दो जब तक सीज़र की पत्नी को अच्छे सपने न दिखाई दें!' तो!! यदि सीज़र इस प्रकार अपने को छिपाएगा तो वे आपस में कानाफूसी करेंगे, 'लो, सीज़र डर गया।' क्षमा करना सीज़र, आपके प्रति मेरे हृदय में जो प्रेम है वही यह सब कहला रहा है। यह प्रेम न होता तो मैं क्यों कहता?

**सीज़र :** तुम्हारे भय कितने मूर्खतापूर्ण लग रहे हैं कैल्पूर्निया! मुझे इस बात की लज्जा है कि मैंने उन्हें मान लिया था। लाओ मेरे वस्त्र दो, मैं जाऊँगा।

**(पब्लियस, ब्रूटस, लिगारियस, मैटेलस, कास्का, ट्रैबोनियस और सिन्ना का प्रवेश)**

और देखो। पब्लियस भी मुझे लेने आ गया है।

**पब्लियस :** नमस्कार सीज़र!

**सीज़र :** स्वागत पब्लियस! अरे ब्रूटस। आज तुम भी इतना जल्दी उठ गए? नमस्कार कास्का, कैशस, लिगारियस। सीज़र कभी तुम्हारा इतना बड़ा शुत्र तो न था जितना यह ज्वर है जिसने तुम्हें निचोड़कर रख दिया है। अब क्या समय है?

**ब्रूटस :** आठ बजे हैं सीज़र!

**सीज़र :** आप लोगों ने कष्ट उठाया है, स्नेह दिखाया है, इसके लिए धन्यवाद देता हूँ।

**(ऐण्टोनी का प्रवेश)**

देखो ऐण्टोनी! रात्रि में देर तक आनन्द मनानेवाला भी इतना शीघ्र जाग गया! नमस्कार ऐण्टोनी!

**ऐण्टोनी :** समर्थ सीज़र को प्रणाम करता हूँ।

**सीज़र :** अन्दर सबसे कह दो कि तैयार हो जाएँ। मैं इस बात का दोषी हूँ कि मैंने आप लोगों से इतनी प्रतीक्षा कराई। और सिन्ना, मैटेलस, ट्रैबोनियस! मुझे तुमसे कुछ बातें करनी हैं, जिसमें लगभग एक घण्टा लग जाएगा। याद रखो, आज तुम मुझसे मिलना और मेरे पास ही रहना, ताकि मुझे याद रह सके।

**ट्रैबोनियस :** मैं ऐसा ही करूँगा। *(स्वगत)* मैं तुम्हारे इतने निकट रहूँगा कि तुम्हारे प्रिय मित्र मुझे तुमसे ज़रा दूर रखना ही पसन्द करेंगे।

**सीज़र :** आओ मित्रो, भीतर चलकर मेरे साथ थोड़ी मदिरा पियो। फिर हम मित्रों की भाँति सीधे चलेंगे।

**ब्रूटस :** *(स्वगत)* अरे सीज़र! हर वस्तु सदैव एक ही-सी नहीं बनी रहती, यह सोचकर ब्रूटस के हृदय को दुःख हो रहा है। *(प्रस्थान)*

## दृश्य 3

**(राजधानी के निकट एक गली; आर्टिमीडोरस का एक पत्र पढ़ते हुए प्रवेश)**

**आर्टिमीडोरस :** 'सीज़र! ब्रूटस से सावधान रहना। कैशस से अपनी रक्षा करना। कास्का से दूर रहना। सिम्बर पर कड़ी दृष्टि रखना। ट्रैबोनियस का विश्वास न करना। मैटेलस सिम्बर पर तो विशेष दृष्टि रखना। डेसियस ब्रूटस को अपना मित्र न समझना। यह याद रखना कि तुमने कैशस लिगारियस को क्रुद्ध किया है और वह हृदय में तुमसे विद्वेष रखता है। ये सब व्यक्ति एक ही मत के हैं और एक ही उद्देश्य से स्फुरित हैं अर्थात वे तुम्हारे विरुद्ध हैं। यदि तुम देवताओं की भाँति अमर नहीं हो, तो अपनी देखभाल करना। आवश्यकता से अधिक आत्मविश्वास षड्यन्त्र का मार्ग प्रशस्त करता है। सर्वशक्तिमान देवगण तुम्हारी रक्षा करें। तुम्हारा हितचिन्तक– आर्टिमीडोरस।' जब तक सीज़र यहाँ होकर नहीं चला जाएगा, मैं यहीं खड़ा रहूँगा और उसके सहायक के रूप में यह पत्र देकर ही हटूँगा, मानो

मैंने उसे केवल कोई अर्ज़ी दी है। मुझे इसका दुःख है कि अच्छाई संसार में द्वेष के जबड़ों में पड़े बिना नहीं रह पाती। सीज़र! यदि तुम इसे पढ़ सकोगे तो शायद जीवित रह सकोगे। यदि यह पत्र तुम तक नहीं पहुँचता तो समझ लो भाग्य भी षड्यन्त्रकारियों से जाकर मिल गया है। *(प्रस्थान)*

## दृश्य 4

**(रोम; ब्रूटस के घर के सामने उसी सड़क का एक और स्थान। पोर्शिया और लूशियस का प्रवेश)**

**पोर्शिया :** मैं तुझसे विनती करती हूँ रे बालक! दौड़कर सीनेट-गृह जा। अब मुझे उत्तर देने को रुक मत! चला ही जा न! रुकता क्यों है तू?

**लूशियस :** देवी! मुझे तो बता दें। क्या संवाद दूँ?

**पोर्शिया :** कितना अच्छा होता जो तू मेरे काम के बतलाने से पहले ही जाके लौट आता! *(स्वगत)* ओ दृढ़ता! मेरे साथ अडिग बनी रह! मेरे हृदय और मेरी जिह्वा के बीच एक भीम पर्वत आ जाए! मुझमें पुरुष की बुद्धि है, किन्तु शक्ति तो स्त्री की ही है! स्त्री के लिए कोई भेद छिपाए रखना कितना कठिन है! *(प्रकट)* अरे, अभी तू यहीं है?

**लूशियस :** देवी! मुझे करना क्या है? क्या मैं राजधानी तक दौड़कर जाऊँ और लौट आऊँ? बस यही काम है? और कुछ नहीं?

**पोर्शिया :** हाँ, मुझे संवाद ला दे बालक, कि तेरे स्वामी तो सकुशल हैं। जानता है न, वे गए थे तब अस्वस्थ थे? मुझे ठीक समाचार दे कि सीज़र क्या कर रहे हैं? कौन लोग उनसे मिलने को तत्पर हैं? अरे बालक, यह कोलाहल क्यों हो रहा है?

**लूशियस :** नहीं देवी! मुझे कुछ सुनाई नहीं दे रहा।

**पोर्शिया :** ध्यान से सुन न। मुझे कुछ झगड़े की-सी आवाज़ तैरती सुनाई दे रही है जो राजधानी में हो रहा लगता है।

**लूशियस :** नहीं देवी! मैं कुछ भी सुन नहीं पा रहा हूँ।

(भविष्यवक्ता का प्रवेश)

**पोर्शिया :** इधर आ भाई! तू किधर से आ रहा है?

**भविष्यवक्ता :** देवी! मैं अपने घर से ही आ रहा हूँ।

**पोर्शिया :** अब क्या समय है?

**भविष्यवक्ता :** अब नौ बजे के करीब हैं।

**पोर्शिया :** क्या सीज़र? अब तक राजधानी पहुँच गए हैं?

**भविष्यवक्ता :** नहीं देवी! अभी तक नहीं। मैं उन्हीं को जाते हुए देखने को जा रहा हूँ।

**पोर्शिया :** क्या तुझे उनसे कुछ प्रार्थना करनी है?

**भविष्यवक्ता :** हाँ, देवी, ऐसा ही है। यदि वे कृपालुचित्त होकर मुझे समय देकर सुनेंगे तो मैं कहूँगा कि वे अपनी देखभाल ठीक से करें। अपनी उपेक्षा न करें।

**पोर्शिया :** क्यों! क्या तुम समझते हो कि कोई उन्हें हानि पहुँचाने का प्रयत्न कर रहा है?

**भविष्यवक्ता :** मैं नहीं जानता कौन उन्हें हानि पहुँचाएगा। फिर भी मुझे आशंका है। आपको प्रणाम। यहाँ सड़क बहुत सँकरी है। सीज़र के साथ जो सीनेट के सदस्यों, न्यायाधीशों, पदाधिकारियों तथा साधारण व्यक्तियों की भीड़ जाएगी, वह इस तंग राह में मुझ जैसे दुर्बल व्यक्ति को तो भींच के ही कुचल देगी। अब कुछ खुले स्थान में जाता हूँ। जब महान सीज़र वहाँ पहुँचेगा तब मैं उससे कहूँगा। *(प्रस्थान)*

**पोर्शिया :** मुझे भीतर जाना चाहिए। हाय री मैं, स्त्री का हृदय भी कितना दुर्बल होता है! आह ब्रूटस! देवता तुम्हारे कार्य को शीघ्र ही पूर्ण करें। शायद लड़के ने मेरी बात सुन ली है। ब्रूटस एक प्रार्थना करेगा जिसे सीज़र स्वीकार नहीं करेगा। हाय! मुझे चक्कर-सा आ रहा है लूशियस! दौड़कर मेरे स्वामी से मेरी शुभकामनाएँ कह और यह भी कहना कि मैं ठीक हूँ। जो वे तुमसे कहें उसे मुझे शीघ्र ही आकर बता।

(प्रस्थान)

# तीसरा अंक

## दृश्य 1

**(रोम; राजधानी; ऊपर सीनेट बैठी है। राजधानी की ओर जानेवाले पथ पर लोगों की भीड़ है। उस भीड़ में आर्टिमीडोरस और भविष्यवक्ता उपस्थित हैं। तूर्यनाद)**

**(सीज़र, ब्रूटस, कैशस, कास्का, डेसियस, मैटेलस, ट्रैबोनियस, सिन्ना ऐण्टोनी, लैपीडस, पौपीलियस, पब्लियस तथा अन्यों का प्रवेश)**

**सीज़र** : *(भविष्यवक्ता से)* मार्च की 15 तारीख आ गई।

**भविष्यवक्ता** : हाँ सीज़र! किन्तु अभी बीती तो नहीं है।

**आर्टिमीडोरस** : सीज़र की जय! यह पत्र पढ़ें।

**डेसियस** : *(सीज़र से)* ट्रैबोनियस विनती करता है कि आप इसके दीन प्रार्थना-पत्र को अवकाश प्राप्त होते ही सबसे पहले पढ़ लें।

**आर्टिमीडोरस** : ओ सीज़र! पहले मेरी अर्ज़ी पढ़ें, महान सीज़र! इसे पढ़ें क्योंकि इसका सीज़र से सम्बन्ध है।

**सीज़र** : जिसका मुझसे सम्बन्ध है उसे तो मैं सबके अन्त में ही पढ़ूँगा।

**आर्टिमीडोरस** : देर न कर सीज़र इसे तुरन्त पढ़ ले।

**सीज़र** : क्या यह आदमी पागल है!

**पब्लियस** : हटो, हटो। सीज़र को रास्ता दो।

**कैशस** : क्या तुम रास्ते में अर्ज़ी देना चाहते हो? राजधानी में आना।

**(सीज़र राजधानी में सीनेट-भवन की ओर जाता है। सब पीछे जाते हैं। सीनेट के सब सदस्य खड़े होते हैं।)**

**पौपीलियस** : मेरी कामना है, आज तुम्हारा कठिन कार्य पूर्ण हो।

**कैशस** : कैसा कार्य पौपीलियस?

**पौपीलियस** : विदा।

**(सीज़र के पास जाता है।)**

**ब्रूटस** : पौपीलियस लेना ने क्या कहा?

**कैशस** : उसने कामना की कि हमारा कठिन कार्य पूर्ण हो। मुझे डर है, हमारा उद्देश्य प्रकट हो गया है।

**ब्रूटस** : देखो-देखो। वह सीज़र की ओर कैसे जा रहा है! उसे ध्यान से देखो।

**कैशस** : कास्का! जल्दी करो। मुझे डर है कहीं विघ्न न पड़ जाए। ब्रूटस! क्या होगा अब? अगर यह सब भण्डाफोड़ हो गया तो या तो कैशस आज लौटेगा या सीज़र ही। मैं तो आत्मघात कर लूँगा।

**ब्रूटस** : कैशस! धीरज धरो, पौपीलियस लेना हमारे कार्य के बारे में कुछ भी नहीं कह रहा है क्योंकि वह मुस्कराता है और सीज़र के मुख पर कोई विकृति नहीं आई है।

**कैशस** : ट्रैबोनियस अपना कार्य जानता है। देखो न ब्रूटस। वह मार्क ऐण्टोनी को रास्ते से अलग किए ले रहा है।

**(ऐण्टोनी और ट्रैबोनियस का प्रस्थान; सीज़र तथा सीनेट के सदस्यों का आसन ग्रहण करना)**

**डेसियस** : मैटेलस सिम्बर यहाँ है, उसे भेजो। उसे सीज़र के सामने इसी वक्त अपनी अर्ज़ी रखनी चाहिए।

**ब्रूटस** : वह तैयार है, उसके पास जाओ, उसे मदद दो।

**सिन्ना** : कास्का! सबसे पहले तुम्हें हाथ उठाना होगा।

**सीज़र** : क्या हम सब तैयार हैं? क्या-क्या कमियाँ हैं जिन्हें सीज़र और उसकी सीनेट को दूर करना है?

**मैटेलस** : परमशक्तिमान! सर्वोच्च, महान बलशाली सीज़र, मैटेलस सिम्बर आपके सम्मुख अपनी तुच्छ प्रार्थना प्रस्तुत करने की आज्ञा चाहता है... *(झुकता है।)*

**सीज़र** : सिम्बर! झुकने से मैं तुम्हें रोकता हूँ। यह झुकना और ये विनम्र

प्रार्थनाएँ साधारण मनुष्यों के रक्त को ही विचलित कर सकती हैं। वे ही बालकों की भाँति अपने प्रथम निर्णय और मूल आज्ञाओं से विचलित हो सकते हैं। यह सोचने का व्यर्थ श्रम न करो कि सीज़र की धमनियों में भी मूर्खों का-सा ही रक्त है जो इन चाटुकारिताओं से द्रवित हो जाएगा और अपने सद्गुणों से च्युत हो जाएगा। इन मूढ़ दिखावटों से मेरा मतलब चापलूसी से है। वे ही छलने का प्रयत्न करती हैं। तुम्हारे भाई का निर्वासन नियमों के अनुसार हुआ है। यदि तुम उसके लिए झुकते हो, प्रार्थना करते हो, चापलूसी पर उतरते हो, तो मैं तुम्हें एक कुत्ते की भाँति ही पथ से हटा दूँगा। याद रखो! सीज़र अन्याय नहीं करता और उचित कारण के बिना वह सन्तुष्ट भी नहीं होता।

**मैटेलस :** क्या यहाँ मुझसे अधिक कोई योग्य व्यक्ति नहीं बोल सकता, जिसके मधुर शब्द मेरे निर्वासित भाई के पक्ष में उसके अपराध क्षमा करवा देने को महान सीज़र से अनुनय करें!

**ब्रूटस :** मैं तेरे हाथ को चूमता हूँ सीज़र! यह चाटुकारिता नहीं है। मेरी प्रार्थना है कि पब्लियस सिम्बर को निर्वासित करके जिस स्वतन्त्रता का अपहरण किया गया है वह तुरन्त ही उसे लौटा दी जाए।

**सीज़र :** कौन! ब्रूटस!!

**कैशस :** क्षमा सीज़र! क्षमा करें सीज़र! कैशस तुम्हारे चरणों पर गिरकर अनुनय करता है कि पब्लियस सिम्बर की स्वतन्त्रता उसे लौटा दी जाए।

**सीज़र :** यदि मैं तुम जैसा होता तो अवश्य ही तुम्हारी प्रार्थना से द्रवित हो जाता। यदि मैं द्रवित करने को प्रार्थना किया करता तो अवश्य ही प्रार्थनाओं से विचलित हो जाता। किन्तु मैं ध्रुव नक्षत्र की भाँति अडिग हूँ, जिसकी दृढ़ता और अचल महिमा की तुलना में आकाश का कोई भी ज्वलन्त पिण्ड खड़ा नहीं होता। विशाल आकाश में असंख्य अग्निपिण्ड हैं, किन्तु वे केवल दीप्ति-मात्र हैं, उनमें से कोई भी ध्रुवतारे की भाँति जाज्वल्यमान नहीं है। इसी प्रकार यह लोक अस्थि-रक्त-मांस के असंख्य प्राणियों से भरा हुआ है, जिनमें मेधा भी है, किन्तु मैं उन सब में केवल एक ही ऐसे प्राणी को जानता हूँ जो कि अचल और अडिग है और वह दृढ़ व्यक्ति

मैं हूँ। ठहरो! मुझे उसी दृढ़ता को प्रदर्शित करने दो। सिम्बर को निर्वासित करते समय भी मैं अडिग था और अब भी उसी भाँति स्थिर हूँ।

**सिन्ना** : क्या तुम सीज़र...

**सीज़र** : क्या तुम देवताओं का निवास ओलिम्पस पर्वत को उठाने का साहस कर रहे हो?

**डेसियस** : महान सीज़र...

**सीज़र** : क्या ब्रूटस की प्रार्थना विफल नहीं हो गई?

**कास्का** : मेरे हाथो! बोलो! मेरे लिए पुकार उठो!

**(सीज़र के गले पर छुरा मारता है। सीज़र उसका हाथ पकड़ लेता है। तब षड्यन्त्रकारी उसे छुरों से गोदते हैं। अन्त में मार्कस ब्रूटस छुरा मारता है।)**

**सीज़र** : ब्रूटस! तुम भी! सीज़र! तब मौत भी तेरे लिए अच्छी है!

**सिन्ना** : स्वतन्त्रता! मुक्ति! अतिचार का ध्वंस हुआ! जाओ! गली-गली में तुरन्त घोषणा कर दो!

**कैशस** : जाओ! सभा-केन्द्रों से पुकार उठो—स्वतन्त्रता! मुक्ति! लौह स्वर से उगल उठो—अतिचार का ध्वंस हुआ!

**ब्रूटस** : सीनेट के सदस्यो! प्रजाजनो! भयभीत मत हो! भागो मत! ठहर जाओ! महत्त्वाकांक्षा का ऋण चुका दिया गया।

**कास्का** : ब्रूटस! भाषण देने की वेदी पर चढ़ो।

**डेसियस** : कैशस! तुम भी!

**ब्रूटस** : पब्लियस कहाँ है?

**सिन्ना** : यह रहा! यह विप्लव से स्तम्भित रह गया है।

**मैटेलस** : एक होकर दृढ़ बने रहो। कहीं सीज़र का कोई मित्र अचानक...

**ब्रूटस** : रुकने की बात न करो! पब्लियस! बधाई है। कोई तुम्हारे ऊपर आक्रमण नहीं करेगा। अब किसी रोमवासी पर आघात नहीं होगा। पब्लियस, सबसे चिल्लाकर कहो।

**कैशस** : चले जाओ पब्लियस! कहीं हम पर प्रजा के आघात की चपेट में तुम जैसे वयोवृद्ध न आ जाएँ।

**ब्रूटस :** यही करो। इस कार्य का फल किसी और को न भोगना पड़े। हम ही इसके उत्तरदायी हैं।

**(ट्रैबोनियस का पुनः प्रवेश)**

**कैशस :** ऐण्टोनी कहाँ है?

**ट्रैबोनियस :** स्तम्भित-सा वह घर भाग गया। पुरुषों, स्त्रियों और बालकों की आँखें फटी-की-फटी रह गई हैं। सभी चिल्लाकर इधर-उधर ऐसे भाग रहे हैं जैसे प्रलय की बेला आ गई हो।

**ब्रूटस :** भाग्य की दैवी शक्तियो! हम तुम्हारी इच्छा से अवगत हैं। हम जानते हैं कि एक दिन हम भी मरेंगे। किन्तु लोक के प्राणी वह राज खोजते हैं जिससे जीवन की अवधि दीर्घ हो सके।

**कैशस :** मेरी राय में जो कोई आयु को बीस वर्ष घटाता है वह मृत्यु-भय के अनेक वर्ष भी तो घटा देता है।

**ब्रूटस :** यदि यही ठीक है कि मृत्यु मनुष्य के लिए उपकार है तो हम सीज़र के मित्र हैं, क्योंकि हमने मृत्यु के आतंक का समय उसके लिए घटा दिया है। रोम के निवासियो! झुको, आओ झुको और सीज़र के रुधिर से हाथों को कुहनियों तक भिगो लो। उसके रक्त से अपने खड्गों को रंजित कर लो और फिर बढ़ो! हाट में चतुष्पथों पर रक्तरंजित अपने लाल-लाल आयुधों को सिर के ऊपर उठाकर, हिलाकर पुकार उठो—मुक्ति! शान्ति! स्वाधीनता!

**कैशस :** आओ, झुको और रक्त से स्नान करो! कितने अनजाने युगों तक आज के इस महान दृश्य का कितने अज्ञात देशों और अविदित भाषाओं में अभिनय होता रहेगा!

**ब्रूटस :** कौन जानता है कि कितनी बार अभिनयों में सीज़र का लहू बहेगा। मुट्ठी-भर धूलि की भाँति सीज़र आज पोम्पी की मूर्ति के चरणों पर धराशायी है।

**कैशस :** और जब-जब लोग इस दृश्य को दुहराएँगे, इतिहास हमारे लिए पुकारा करेगा कि ये हैं वे मनुष्य जिन्होंने अपने देश को स्वाधीनता दिलाई।

**डेसियस :** क्या अब हम बाहर चलें?

**कैशस :** हाँ, हर एक को जाना होगा। ब्रूटस! नेतृत्व करो! हम तुम्हारा अनुसरण करेंगे। रोम के परम वीर और कुलीनतम हृदयवाले व्यक्तियों के साथ हम तुम्हारे पीछे चलेंगे।

**(एक सेवक का प्रवेश)**

**ब्रूटस :** शान्त! वह कौन आ रहा है? ऐण्टोनी का मित्र है!

**सेवक :** मेरे स्वामी ने मुझे आज्ञा दी है मैं पहले आपके सामने घुटने टेकूँ और तब, मेरे स्वामी मार्क ऐण्टोनी ने कहा है कि पृथ्वी पर लेटकर आपको प्रणाम करूँ, और प्रार्थना करूँ कि ब्रूटस मेधावी, कुलीन, सरल हृदय और वीर है। सीज़र सर्वशक्तिमान, राजसी, स्नेही, वैभवान्वित और परम वीर था। जाकर कहना कि मैं ब्रूटस से स्नेह करता हूँ, उसका सम्मान करता हूँ, और कहना कि मैं सीज़र से भीत रहता था, उसका सम्मान करता था, उसे प्यार करता था। यदि ब्रूटस प्रतिज्ञा करे कि ऐण्टोनी उस तक सुरक्षित आ सकता है तो वह उससे पूछेगा कि सीज़र किन कारणों से हत्या कर देने के योग्य प्रमाणित हुआ? मार्क ऐण्टोनी यह जान लेने पर मृत सीज़र से नहीं, जीवित ब्रूटस से प्रेम करने लगेगा। सच्चे हृदय से वह ब्रूटस को नई परिस्थिति में, कैसे भी विघ्न क्यों न उपस्थित हों, सहायता देगा, राज्य के कार्यों में सहयोग देगा। मेरे स्वामी मार्क ऐण्टोनी ने यही संवाद आपको कहलवाया है।

**ब्रूटस :** तेरा स्वामी महानगर रोम का एक वीर और बुद्धिमान निवासी है। मैंने उसे कभी भी बुरा नहीं समझा है। उससे कह दे कि यदि वह यहाँ आना चाहे तो आ जाए। वह यहाँ आकर सन्तुष्ट हो जाएगा और मैं अपने आत्मसम्मान की शपथ खाकर कहता हूँ कि उसे कोई स्पर्श भी नहीं करेगा।

**सेवक :** मैं उन्हें अभी लाता हूँ। *(प्रस्थान)*

**ब्रूटस :** मैं जानता हूँ वह हमारा मित्र बन जाएगा।

**कैशस :** यही मैं भी चाहता हूँ। किन्तु फिर भी मेरे मन में उसके बारे में बड़ी शंका है। मेरी शंकाएँ सदैव सत्य होती हैं।

**ब्रूटस :** यह तो ऐण्टोनी आ गया। आओ मार्क ऐण्टोनी! मैं तुम्हारा स्वागत

करता हूँ।

**ऐण्टोनी** : अरे परम शक्तिमान सीज़र! आज तुम यहाँ इतने नीचे पड़े हुए हो! क्या तुम्हारी ये दिग्विजय, वैभव, गौरव, महिमा और विजितों से प्राप्त कोष...इस दीन दशा में आकर सीमित हो गए हैं? महावीर! विदा! महानुभावो! मैं नहीं जानता कि आप क्या करना चाहते हैं! और कौन है जिसका लहू अभी बहाना शेष है! कौन है जो आपके आघात के लिए उपयुक्त है! यदि मैं ही हूँ तो सीज़र की मृत्यु के समय से उपयुक्त और कोई समय नहीं हो सकता, न आपके खड्गों से बढ़कर मुझे मारने के उपयुक्त कोई अन्य आयुध है, क्योंकि सारे संसार के सर्वश्रेष्ठ रक्त ने उन्हें अमरता का वैभव दे दिया है। यदि आपको मुझसे कुछ विद्वेष है तो मैं अनुनय करता हूँ कि इन्हीं रक्त से भीगे हुए हाथों से, इन्हीं लहू की धारा से उत्तप्त हाथों से मेरी हत्या करके अपने-आपको प्रसन्न करें। चाहे मुझे हजार वर्ष क्यों न जीवित रहना पड़े किन्तु मृत्यु के लिए ऐसा उपयुक्त अवसर, सम्भव है, मुझे कभी भी नहीं मिल सकेगा। मृत्यु का कोई मार्ग, कोई स्थान मुझे ऐसी तृप्ति नहीं देगा जैसा कि सीज़र का सान्निध्य! मेरे युग के निर्माताओ, प्रभुओ आओ! मेरे टुकड़े-टुकड़े कर डालो!

**ब्रूटस** : ओ ऐण्टोनी! हमसे मृत्यु की प्रार्थना मत करो! हम अपने इस कार्य से, अपने हाथों से, अवश्य खूनी और हत्यारे दिखाई देते हैं, किन्तु तुम केवल हमारे हाथों को देख रहे हो। लहू की धारें गिराने वाले इन हाथों को नहीं, हमारे हृदय को देखो! उन्हें क्यों नहीं देखते? देखो उनमें कितनी करुणा है। सार्वजनिक रूप से रोम के प्रति किए हुए अन्याय से हमें कितनी व्याकुलता है! अग्नि-अग्नि को दूर करती है, उसी प्रकार रोम के प्रति हमारी दया ने सीज़र के प्रति हमारी दया को नष्ट कर दिया है। किन्तु मार्क ऐण्टोनी! तुम्हारे लिए हमारे खड्ग भोंथरे पड़ गए हैं। अब हमारी भुजाओं में द्वेष नहीं, मैत्री ने हमारे हृदयों को बन्धु-भाव से ग्लपयित कर दिया है। आओ स्वागत है। हमारे स्नेह, सद्भावनाओं और सम्मान को स्वीकार करो।

**कैशस** : तुम्हारा मत नये गौरव प्रदान करते समय किसी भी योग्य व्यक्ति की भाँति समर्थ होगा।

**ब्रूटस :** कुछ देर ठहर जाओ, जब तक प्रजा की इस भयभीत भीड़ को हम अभय नहीं प्राप्त करा देते। उसके बाद मैं तुम्हें बताऊँगा कि मैं जो सीज़र को इतना चाहता था, स्वयं मैंने ही उस पर आघात करने का ऐसा कार्य क्यों किया।

**ऐण्टोनी :** मुझे तुम्हारी बुद्धिमत्ता पर तनिक भी शंका नहीं है। आओ, तुममें से हर एक अपना लहू से भीगा हुआ हाथ मुझसे मिलाए! मार्कस ब्रूटस! सबसे पहले तुम मुझे अपना हाथ दो। आओ कैस कैशस, तुम इसके बाद आओ। डेसियस ब्रूटस आओ, आओ मेरे भद्र ट्रैबोनियस! सर्व महानुभावो! हाय! मैं क्या कहूँ! मेरा यश किसी फिसलनी धरती पर खड़ा है! या तो तुम मुझे कायर समझ रहे होगे या चापलूस! यह सत्य है सीज़र! कि मैं तुझसे प्रेम करता था, यदि तेरी आत्मा इस समय देख रही होगी तो क्या मृत्यु से भी अधिक यातना उसे यह देखकर नहीं होगी कि तेरा ऐण्टोनी तेरे शत्रुओं के रक्तरंजित हाथों से हाथ मिलाकर मित्रता कर रहा है, और वह भी हे परम वीर! तेरे शव के सम्मुख ही! यदि मेरे उतनी ही आँखें होतीं जितने तेरे शरीर पर घाव दीख रहे हैं, तो उनमें से उतने ही आँसू बहते जितना तेरे घावों से लहू टपक रहा है! यदि यह हो जाता तो मेरे शत्रुओं से मित्रता करने की अपेक्षा तो कहीं अच्छा होता। मुझे क्षमा कर जूलियस! वीर! हरिण की भाँति तुझे यहाँ लाया गया है और यहीं तेरी हत्या की गई। यहीं तेरे अहेरी खड़े हैं, जिनके हाथ तेरे रक्त से रंगे हुए हैं। तेरे रुधिर ने उनको प्रकट कर दिया है। ओ संसार! तुम उसके लिए जंगल के समान थे। एक दिन तुममें ही वह स्वतन्त्र घूमा करता था, उस दिन वह तुम्हारे जीवन का स्रोत था! और आज वही सीज़र राजन्यों द्वारा आखेट किए हुए मृग की भाँति पड़ा है।

**कैशस :** मार्क ऐण्टोनी!

**ऐण्टोनी :** क्षमा करो कैस कैशस! सीज़र के शत्रु भी ऐसा ही कहेंगे और एक मित्र के द्वारा कहे हुए ये शब्द प्रेम की प्रशंसा के शब्द हैं।

**कैशस :** मैं सीज़र की प्रशंसा करने पर तुम्हें दोष नहीं देता! किन्तु तुम्हारा अब हमसे क्या सम्बन्ध होगा? हम अपने मित्रों में तुम्हें भी एक समझें

या अपने मार्ग पर चलें और तुम पर निर्भर नहीं रहें!

**ऐण्टोनी :** मित्र बनने के लिए ही तो मैंने तुमसे हाथ मिलाया है। सचमुच क्षण-भर को नीचे सीज़र की ओर देखकर मैं अपने पद से विचलित हो गया था। मित्रो! मैं तुम सबके साथ हूँ, तुमसे प्रेम करता हूँ, किन्तु इसी आशा पर कि तुम बताओगे कि सीज़र क्यों और किस तरह इतना खतरनाक था।

**ब्रूटस :** अन्यथा तुम हमारे कार्य को बर्बरता समझना। हमारे कारण इतने ठोस हैं कि ऐण्टोनी! यदि तुम सीज़र के पुत्र भी होते तो सन्तुष्ट हो जाते।

**ऐण्टोनी :** बस मैं यही चाहता हूँ। इस समय मैं आपसे प्रार्थना करता हूँ कि आप मुझे नगर के चौक में उसके शव को ले जाने दें ताकि मित्र के कर्तव्य का निर्वाह करते हुए मैं उसकी दाहक्रिया के सम्बन्ध में लोगों से बातचीत कर सकूँ।

**ब्रूटस :** मार्क ऐण्टोनी! तुम इसे ले जा सकते हो!

**कैशस :** ब्रूटस! मैं तुमसे एक बात करना चाहता हूँ। *(ब्रूटस से एक ओर)* तुम नहीं जानते, तुम क्या कर रहे हो। इस बात को स्वीकार मत करो कि उसकी दाहक्रिया के समय ऐण्टोनी प्रजा से बातें कर सके। क्या तुम जानते हो कि वह जो कहेगा उससे लोगों पर क्या असर होगा?

**ब्रूटस :** मुझे क्षमा करो। मैं स्वयं मंच पर से पहले प्रजा को बताऊँगा कि किन कारणों से सीज़र मारा गया। जो कुछ ऐण्टोनी कहेगा, मैं पहले ही जनता से कहूँगा कि वह मेरी आज्ञा से कह रहा है और हम सब इसे स्वीकार करते हैं कि सीज़र की दाहक्रिया पूर्ण संस्कारों के साथ सम्पन्न हो। इससे तो हमें हानि के स्थान पर लाभ ही अधिक पहुँचेगा।

**कैशस :** मैं नहीं जानता इसका नतीजा क्या होगा। परन्तु मैं इसे पसन्द नहीं करता।

**ब्रूटस :** सुनो मार्क ऐण्टोनी! तुम सीज़र के शरीर को ले जाओ। अपने दाह क्रिया-सम्बन्धी भाषण में तुम हमें किसी प्रकार दोषी नहीं ठहराओगे। हाँ, सीज़र की चाहे जितनी प्रशंसा कर सकते हो, और कहना कि वह सब तुम हमारी आज्ञा से कह रहे हो। अन्यथा तुम्हें किसी भी भाँति

उस सब में सम्मिलित नहीं किया जाएगा। ज्यों ही मेरा भाषण समाप्त हो, तुम उसी मंच से भाषण दोगे। जहाँ मैं जा रहा हूँ, वहीं चलो।

**ऐण्टोनी :** मैं यही कहूँगा। मेरी और कोई अभिलाषा नहीं है।

**ब्रूटस :** तो शव को तैयार कर लो और हमारे पीछे आओ।

**(ऐण्टोनी के अतिरिक्त सब का प्रस्थान)**

**ऐण्टोनी :** *(जहाँ सीज़र का शव धूलिसिक्त पड़ा है उस भूमि-भाग को देखकर)* ओ लहू से भीगी हुई धरती! मुझे क्षमा कर कि मैं इन वधिकों से इतनी नम्रता और धैर्य से व्यवहार कर रहा हूँ। तू निश्चय ही संसार के किसी भी सुवर्ण युग में उत्पन्न होने वाले सर्वश्रेष्ठ व्यक्ति का खण्डहर-मात्र है। उस हाथ को धिक्कार है जिसने यह बहुमूल्य रक्त पृथ्वी पर गिराया है। ये तेरे घाव मुझे बोल उठने को उकसा रहे हैं। लाल-लाल होठों वाले एक मूक मुख की भाँति पुकार उठने को आतुर-से इन घावों के सामने आज मैं भविष्यवाणी करता हूँ कि इन लोगों पर एक भयानक अभिशाप उतरेगा। समस्त इटली में भीषण गृहयुद्ध की आग जलेगी और सारा देश विप्लव से काँपेगा। हत्या, विध्वंस और रक्तपात का इतना आधिक्य हो उठेगा कि माताएँ संग्राम-भूमि के कठोर योद्धाओं के हाथों से अपने दुधमुँहे बच्चों को कट-कटकर गिरता देखकर भी केवल मुस्कराती रहेंगी, क्योंकि उनकी कोमलता जड़ हो चुकेगी। इन बर्बरताओं के असंख्य कार्यों के कारण दया का चिह्न-मात्र भी शेष नहीं रहेगा। और प्रतिशोध की भूखी सीज़र की आत्मा, नरक की दाहपूर्ण अग्नियों से निकलती हुई प्रतिहिंसा की देवी के साथ घूमती फिरेगी। और वह विकराल देवी सम्राज्ञी की भाँति समस्त देश में फुत्कार भरती पुकारती डोलेगी कि ध्वंस कर दो! सर्वनाश कर दो! विप्लव, अकाल, अग्निदाह आदि युद्ध के रक्त-लोलुप कुत्ते कर्कश स्वर से भौंकते हुए टूट पड़ेंगे। सारी पृथ्वी सड़ते हुए शवों की चिरायँध से ढँक जाएगी और दाह-संस्कार के लिए तड़फते हुए, दम तोड़ते हुए, प्राणी भयानक हाहाकार करते हुए पड़े रहेंगे।

**(एक सेवक का प्रवेश)**

क्या तू ऑक्टेवियस सीज़र का ही तो सेवक नहीं है?

**सेवक :** हाँ, मार्क ऐण्टोनी!

**ऐण्टोनी :** सीज़र ने उसे रोम आने को लिखा था।

**सेवक :** उन्हें पत्र मिल गया है। वे आ रहे हैं। इन्होंने मुझसे कुछ मुँहज़बानी खबर भिजवाई है।...*(शव को देखकर),* ओ!! सीज़र!!

**ऐण्टोनी :** तेरा हृदय भर आया है! उधर हट जा और जी भरकर रो ले। व्यथा घेरे ले रही है, क्योंकि तुझे रोता देखकर मेरी आँखों में भी वेदना की बूँदें छलकती आ रही हैं! क्या तेरे स्वामी आ रहे हैं?

**सेवक :** आज रात वे रोम से 21 मील की दूरी पर आ जाएँगे।

**ऐण्टोनी :** तू शीघ्र चला जा और जो कुछ घटना हुई है उन्हें शीघ्रता से बता दे। रोम व्यथा में डूब गया है, रोम खतरनाक हो उठा है। अभी ऑक्टेवियस के लिए रोम सुरक्षित स्थान नहीं है। शीघ्र जा और उन्हें सूचना दे। यही कह दे कि...लेकिन अभी ठहर। जब तक इस शव को मैं अपने साथ चौक में न ले जाऊँ, तू मेरे पास रह। वहाँ मैं भाषण देकर पहले इसकी जाँच करूँगा कि जनता इन हत्यारों के इस क्रूर कार्य को कैसा समझती है। उसके अनुसार तू तरुण ऑक्टेवियस को जाकर सारी परिस्थिति समझाना। आ अब हाथ बँटा!

*(सीज़र के शव के साथ उनका प्रस्थान)*

## दृश्य 2

**(रोम; चौक)**

**(ब्रूटस और कैशस का नागरिकों की एक भीड़ के साथ प्रवेश)**

**नागरिकगण :** हमें सन्तोष क्यों हो? कारण दो कि हम सन्तुष्ट हों।

**ब्रूटस :** तो मित्रो, मेरे साथ आओ और जो कुछ मैं कहूँ उसे ध्यान से सुनो। कैशस, तुम दूसरी सड़क पर जाओ और भीड़ को बाँट दो। जो मुझे सुनना

चाहें वे यहीं रुक जाएँ। जो कैशस के साथ जाना चाहें वे उधर चले जाएँ। सीज़र की मृत्यु के कारण सार्वजनिक रूप से प्रकट किए जाएँगे।

**पहला नागरिक :** मैं ब्रूटस की बात सुनूँगा।

**दूसरा नागरिक :** मैं कैशस की बात सुनूँगा, और तब इनके कारणों की तुलना की जाएगी, अब अलग से हम इस पर विवेचन करेंगे।

**तीसरा नागरिक :** शान्त! शान्त! कुलीन वीर ब्रूटस मंच पर पहुँच गया है।

**ब्रूटस :** अन्त तक धैर्य से सुनना! रोम के निवासियो! मेरे मित्रो! देशवासियो! मेरे कारणों को जानने के लिए मुझे सुनो! शान्ति से अपना ध्यान दो कि तुम स्पष्ट सुन सको। मेरे आत्मसम्मान के लिए मुझ पर विश्वास करो, मेरे आत्मसम्मान का आदर करो कि तुम्हें मेरी बातों पर विश्वास हो सके। अपनी तर्क-बुद्धि से मेरा निर्णय करो। अपनी भावनाओं को जाग्रत करो ताकि तुम उचित रूप से न्याय कर सको। यदि इस सभा में सीज़र का कोई प्रिय मित्र हो तो उससे मैं कहता हूँ, कि उससे किसी प्रकार भी सीज़र के प्रति ब्रूटस का प्रेम कम नहीं था। यदि वह मित्र यहं जानना चाहे कि ब्रूटस सीज़र के विरुद्ध क्यों खड़ा हुआ तो सुनो मेरा यही उत्तर है : यह नहीं कि मैं सीज़र से कम प्रेम करता था, बल्कि वास्तव में मुझे रोम से कहीं अधिक प्रेम था। क्या चाहते हो तुम? किसे अच्छा समझते हो? कि सीज़र जीवित रहता और तुम सब दासों की भाँति मरते, या यह कि सीज़र मर गया ताकि तुम सब स्वतन्त्र व्यक्तियों की भाँति जीवित रह सको? मैं उसके लिए रोता हूँ क्योंकि सीज़र मुझसे प्रेम करता था। आनन्द मुझमें उद्वेलित होता है क्योंकि वह भाग्यशाली था। मैं उसका सम्मान करता हूँ क्योंकि वह दुर्धर्ष पराक्रमी था, किन्तु मैंने उसे मार डाला क्योंकि वह महत्त्वाकांक्षी था। उसके प्रेम के लिए अश्रु बहुत हैं, सौभाग्य के लिए हर्ष बिखरता है, वीरता के लिए सम्मान झुकता है, किन्तु महत्त्वाकांक्षा के लिए मृत्यु है। कौन है यहाँ ऐसा जघन्य नराधम जो स्वेच्छा से दास होना पसन्द करेगा? यदि कोई है तो बोले! उसे मैंने अवश्य दुःख पहुँचाया है। कौन है यहाँ इतना असंस्कृत, जो रोम का निवासी, रोम का नागरिक बनना पसन्द नहीं करता? यदि कोई है तो बोले! मैंने अवश्य उसे दुःख पहुँचाया है। ऐसा कौन कुटिल और नीच

है जो अपने देश को नहीं चाहता, अपने देश से प्रेम नहीं करता? यदि कोई है तो बोले! मैंने अवश्य उसे दुःख पहुँचाया है। बोलो! मुझे उत्तर दो! मैं प्रतीक्षा कर रहा हूँ।

**सब** : नहीं ब्रूटस! ऐसा कोई नहीं है। ऐसा कोई नहीं है।

**ब्रूटस** : तब मैंने किसी को भी दुःखी नहीं किया है। मैंने सीज़र के साथ उससे अधिक कुछ नहीं किया जो आप ब्रूटस के साथ करते। सीज़र की मृत्यु की घटना राजधानी के कागज़ों में लिखकर रखी जाएगी। उसके गौरव को किसी भी प्रकार कम नहीं किया जाएगा। उनकी जितनी योग्यता थी वह लिखी ही जाएगी और उसके अपराध भी, जिनके कारण उसे अन्त में मृत्यु प्राप्त हुई, बढ़ा-चढ़ाकर नहीं लिखे जाएँगे।

**(ऐण्टोनी तथा अन्यों का सीज़र के शव के साथ प्रवेश)**

यह लो! सीज़र का शव भी आ गया। मार्क ऐण्टोनी शोक मना रहा है। यद्यपि सीज़र की मृत्यु में ऐण्टोनी का कोई हाथ नहीं था, फिर भी उसकी मृत्यु का लाभ वह भी उठाएगा। उसको भी सार्वजनिक संघ में स्थान मिलेगा। आप में से कौन है जिसे ऐसा लाभ नहीं प्राप्त होगा? बस, अब मुझे केवल इतना ही कहना है कि जिस प्रकार मैंने अपने सबसे बड़े प्रेमी को रोम की भलाई के लिए मारा है, उसी प्रकार जब भी कभी देश को मेरी मृत्यु की आवश्यकता होगी तब वही छुरा अपने लिए भी मैं उसी प्रकार सुरक्षित रखूँगा।

**सब** : अमर हो! ब्रूटस! अमर हो!

**पहला नागरिक** : हम ब्रूटस को विजयी की भाँति उसके घर ले चलेंगे।

**दूसरा नागरिक** : उसके पूर्वजों के साथ उसकी भी मूर्ति बनवानी चाहिए।

**तीसरा नागरिक** : उसे सीज़र बनाओ।

**चौथा नागरिक** : सीज़र के गुण ब्रूटस में ही सम्मानित होंगे।

**पहला नागरिक** : चलो हम जयध्वनियों के साथ उसे घर पहुँचा आएँ।

**ब्रूटस** : मेरे देशवासियो....

**दूसरा नागरिक** : शान्त! चुप रहो! ब्रूटस बोल रहे हैं ।

**पहला नागरिक** : अरे शान्त! शान्त!

**ब्रूटस :** मेरे स्वदेश बन्धुओ! मुझे अकेला लौटने दो। मेरे कहने से मार्क ऐण्टोनी के साथ ठहरो। सीज़र के शव का सम्मान करो। उनके मुख से सीज़र के गौरव का वर्णन सुनो जो मार्क ऐण्टोनी हमारी आज्ञा से तुम्हें सुनाएगा। मैं प्रार्थना करता हूँ कि सिवाय मेरे, जब तक ऐण्टोनी बोल न चुके, तुममें से एक भी व्यक्ति यहाँ से न जाए। *(प्रस्थान)*

**पहला नागरिक :** ठहरो-ठहरो! मार्क ऐण्टोनी को सुनो।

**तीसरा नागरिक :** उसे ऊपर मंच पर जाने को कहो। हम उसका भाषण सुनेंगे। वीर ऐण्टोनी ऊपर जाओ!

**ऐण्टोनी :** मैं आपका और ब्रूटस का बहुत ही आभारी हूँ।

**(मंच पर चढ़ता है।)**

**चौथा नागरिक :** वह ब्रूटस के बारे में क्या कहता है?

**तीसरा नागरिक :** वह कहता है कि वह हम सबका और ब्रूटस का आभारी है।

**चौथा नागरिक :** यह उसकी ही भलाई के लिए है कि वह ब्रूटस के विरुद्ध कुछ न बोले।

**पहला नागरिक :** यह सीज़र अत्याचारी था।

**तीसरा नागरिक :** हाँ, यह बिलकुल ठीक बात है। अच्छा हुआ रोम को उससे मुक्ति मिली।

**दूसरा नागरिक :** शान्त रहो! सुनो-सुनो! मार्क ऐण्टोनी की बात सुनने दो।

**ऐण्टोनी :** रोम के भद्र निवासियो...

**नागरिकगण :** शान्त! शान्त! हमें उसे सुनने दो।

**ऐण्टोनी :** रोम के निवासियो! मेरे मित्रो! मेरे देशबन्धुओ! सुनो! मेरी बात को सुनो! मैं सीज़र का दाह-संस्कार करने को आया हूँ न कि उसकी प्रशंसा करने! मनुष्य की मृत्यु के उपरान्त उसके गुण तो प्रायः उसके दाह के साथ ही समाप्त हो जाते हैं, किन्तु उसके अवगुण बहुत दिनों तक जीवित रहते हैं। सीज़र के गुणों को इसी गति को प्राप्त होने दो। वीर ब्रूटस ने आपसे कहा है कि सीज़र महत्त्वाकांक्षी था। यदि ऐसा ही था तो वह एक भयानक अपराध था और भीषण रूप से सीज़र ने उसका

मोल भी चुकाया है। यहाँ ब्रूटस और अन्यों की आज्ञा से—क्योंकि ब्रूटस एक परम सम्मानित और आदरणीय पुरुष हैं, क्योंकि वे सब; सब ही परम आदरणीय व्यक्ति हैं—मैं सीज़र की दाहक्रिया के सम्बन्ध में आपसे कुछ कहने आया हूँ। वह मेरा मित्र था, वह मेरे लिए न्यायशील था, कृतज्ञ था, किन्तु ब्रूटस कहता है कि वह महत्त्वाकांक्षी था और ब्रूटस एक परम सम्मानित और आदरणीय पुरुष हैं। सीज़र अनेक देशों से बन्दियों को पकड़कर रोम लाया था, जिसके लिए शत्रुओं द्वारा चुकाए गए मूल्य ने रोम के सार्वजनिक कोषों को समृद्ध किया था। क्या यही सीज़र की महत्त्वाकांक्षा प्रतीत होती है? कौन नहीं जानता की दीन-दुखियों की करुण पुकार सुनकर सीज़र रो उठता था। महत्त्वाकांक्षा तो कठोरता और निर्दयता को जन्म देती है! लेकिन ब्रूटस कहता है कि वह महत्त्वाकांक्षी था और ब्रूटस एक परम सम्मानित और आदरणीय पुरुष हैं। तुम सबने देखा था कि लपरिकल के उत्सव में मैंने तीन बार उसे ताज दिया था किन्तु उसने तीनों बार उसे लेने से इन्कार कर दिया था। क्या यह भी महत्त्वाकांक्षा थी? फिर भी ब्रूटस कहता है कि वह महत्त्वाकांक्षी था और निश्चय ही ब्रूटस एक परमादरणीय और सम्मानित पुरुष हैं। मैं ब्रूटस के वक्तव्य को असत्य सिद्ध करने को नहीं बोल रहा हूँ, मैं तो जो जानता हूँ उसे ही आपसे कह रहा हूँ। एक दिन आप सब उससे प्रेम करते थे। क्या वह अकारण ही था? कौन-सा है वह कारण जो आज आपको उसकी मृत्यु पर शोक मनाने से रोक रहा है? ओ न्यायशक्ति! तू किन हिंस्र पशुओं में पहुँच गई है! और मनुष्यों ने अपना तर्क खो दिया है! मेरी वेदना के लिए मुझे क्षमा करिए क्योंकि मेरा हृदय उस कफन में सीज़र के शव के पास पहुँच गया है। ठहर जाओ! मुझे फिर से धैर्य धारण करने दो!

**पहला नागरिक :** मेरे विचार से उसकी बातों में तथ्य है।

**दूसरा नागरिक :** यदि ठीक तरह से इस पर सोचा जाए तो लगता है कि सीज़र के साथ बहुत बुरा व्यवहार किया गया है।

**तीसरा नागरिक :** आइए, यदि ऐसा हुआ है तो इसका अर्थ है कि अब उसी जगह कोई और बड़ा अत्याचारी आएगा।

**चौथा नागरिक** : उसके शब्दों पर ध्यान दिया? वह ताज नहीं लेना चाहता था। इससे तो यह स्पष्ट है कि वह महत्त्वाकांक्षी नहीं था।

**पहला नागरिक** : यदि यह सत्य है तो किसी को इसका महँगा मूल्य चुकाना पड़ेगा।

**दूसरा नागरिक** : देखो इस बेचारे को! कैसी रो-रोकर आँखें अंगारे-सी लाल हो गई हैं।

**तीसरा नागरिक** : ऐण्टोनी से बढ़कर महान रोम में कोई नहीं!

**चौथा नागरिक** : सुनो-सुनो! वह फिर बोलने वाला है।

**ऐण्टोनी** : कल तक सीज़र के मुख से निकला हुआ शब्द संसार को चुनौती देता था, किन्तु आज वह यहाँ पड़ा हुआ है। आज वह इतना दीन हो गया है कि तुममें से कोई भी उसका सम्मान तक नहीं कर रहा! मेरे बन्धुओ! यदि मैं तुम्हारे विवेक और हृदय को क्रोध और विप्लव से विह्वल करने की इच्छा करूँगा तो वह ब्रूटस के साथ अच्छा नहीं होगा, कैशस के साथ बुराई करने के समान होगा। तुम जानते हो, वे परमादरणीय और सम्मानित व्यक्ति हैं। मैं उनके साथ अन्याय नहीं करूँगा। मैं ब्रूटस तथा ऐसे अन्य सम्मानित और परमादरणीय व्यक्तियों के विरुद्ध कुछ भी कहने के स्थान पर यही पसन्द करूँगा कि इस मृत शरीर के प्रति अन्याय करूँ, अपने प्रति अन्याय करूँ, आप लोगों के प्रति अन्याय करूँ। किन्तु यह देखिए! सीज़र का एक मुद्रांकित पत्र है। इसमें उसकी वसीयत है। इसे मैंने उसके कमरे में पाया है। ओ प्रजाजनो! मुझे क्षमा करो कि मैं इसे पढ़कर नहीं सुनाऊँगा क्योंकि मेरे इसे पढ़ते ही आप लोग सीज़र के शव के समीप जाकर उसे आदर से चूमने लगेंगे, उसके पवित्र रक्त से अपने रूमालों को भिगो लेंगे और प्रार्थना करेंगे कि उसकी स्मृति जीवित रखने के लिए आपको उसके सिर का एक बाल ही मिल जाए। आप प्रार्थना करेंगे कि मरते समय अपनी वसीयत में यही लिख जाएँ कि वह बाल आप की सन्तान की पैतृक सम्पत्ति की भाँति ही उत्तराधिकार में प्राप्त हो।

**चौथा नागरिक** : हम इस वसीयत को सुनेंगे मार्क ऐण्टोनी, पढ़कर सुनाओ!

**सब** : वसीयत पढ़ो! वसीयत पढ़ो! हम सीज़र की वसीयत सुनना चाहते हैं।

**ऐण्टोनी** : धैर्य धारण करो मेरे मित्रो! मुझे इसे नहीं पढ़ना चाहिए। तुम्हारे

लिए यह उचित नहीं होगा कि तुम अपने प्रति सीज़र के प्रेम को जान लो। तुम पत्थर नहीं हो, अचेतन काठ नहीं हो। तुम मनुष्य हो और मनुष्य होने के नाते, सीज़र की वसीयत सुनने पर, तुम भड़क उठोगे। यह तुम्हें क्रोध से पागल बना देगी। अच्छा यही है कि आप लोग यह जानें ही नहीं कि आप ही सीज़र के उत्तराधिकारी हैं। क्योंकि यदि आप इसे जान गए तो पता नहीं क्या परिणाम निकलेगा।

**चौथा नागरिक :** वसीयत पढ़ो! हम उसे सुनना चाहते हैं ऐण्टोनी। तुम्हें वसीयत पढ़कर हमें सुनानी ही होगी। सीज़र की अन्तिम इच्छा बताओ।

**ऐण्टोनी :** धैर्य धारण करिए! शान्त रहिए! रुकिए तो सही! आपको बताते-बताते मैं बहुत आगे बढ़ गया हूँ। मुझे डर है कि मैं परमादरणीय और सम्मानित व्यक्तियों के प्रति अन्याय कर रहा हूँ; उनके विरुद्ध बोल रहा हूँ जिनके छुरों ने सीज़र के शरीर को गोद दिया है। मुझे डर लग रहा है।

**चौथा नागरिक :** ये देशद्रोही हैं! सम्मानित और आदरणीय पुरुष!

**सब :** वसीयत पढ़ो!

**दूसरा नागरिक :** ये कुटिल नराधम हत्यारे हैं! वसीयत सुनाओ! वसीयत पढ़ो!

**ऐण्टोनी :** आप लोग मुझसे वसीयत पढ़ने के लिए विवश करते हैं! तो सीज़र के शव के चारों ओर गोल बनाकर खड़े हो जाओ। और पहले मुझे उसे दिखाने दो जिसने यह वसीयत लिखी है! क्या मैं मंच से उतर सकता हूँ? आज्ञा है?

**सब :** आ जाओ!

**पहला नागरिक :** उतर आओ!

**तीसरा नागरिक :** तुम्हें पूर्ण स्वतन्त्रता है।

**(ऐण्टोनी उतरता है।)**

**चौथा नागरिक :** गोला बनाओ। घेरकर खड़े हो।

**पहला नागरिक :** कफन से अलग रहो। शव से हटकर खड़े हो।

**दूसरा नागरिक :** ऐण्टोनी के लिए जगह करो। आओ वीर ऐण्टोनी!

**ऐण्टोनी :** नहीं। आप मुझसे ज़रा हटकर खड़े हों!

**सब :** हटो-हटो। पीछे खड़े हो! जगह दो! पीछे हटो!

**ऐण्टोनी :** यदि तुम्हारे नयनों में अश्रु शेष हैं, तो आओ, अब अपने हृदयों को द्रवित करने को तत्पर हो जाओ! इस चोगे को आप सब पहचानते हैं? मुझे याद है, सीज़र ने इसे जब पहले-पहल पहना था वह ग्रीष्मकाल की एक सन्ध्या थी, वह अपने शिविर में था। उस दिन उसने नर्वी[1] को पराजित किया था। देखो! यह है वह जगह जहाँ कैशस का छुरा घुसा था। देखो ईर्ष्यालु कास्का ने कितना गहरा घाव किया है। सीज़र के अत्यन्त प्रिय पात्र ब्रूटस ने इस जगह लौह फलक घुसेड़ दिया था और जब इसका वह अभिशप्त छुरा बाहर निकला था तब देखो! सीज़र का रक्त कैसा झर-झरकर बह उठा था! मानो सोता फूट निकला हो! मानो वह यह जानना चाहता था कि क्या ब्रूटस ने ही वह निर्दय आघात किया था! जानते हो न! ब्रूटस ही सीज़र का पथप्रदर्शक था। वह उसे देवदूत मानता था। ओ देवताओ! आकाश के स्वामियो! तुम साक्षी हो कि सीज़र ब्रूटस से कितना प्रेम करता था। यही, हाँ यही आघात, हमारे आघातों से अधिक निर्मम था, क्योंकि जब महान सीज़र ने उसे भी छुरा मारते हुए देखा तब षड्यन्त्रकारियों की भुजाओं से भी अधिक मर्मान्तक वेदना-दायिनी उस अकृतज्ञ कृतघ्नता ने सीज़र के हृदय को अवसाद में डुबा दिया और उसका विशाल हृदय उस समय आर्तपीड़ा से खण्ड-खण्ड हो गया। उस समय शोक-भय नहीं—शोक से व्याकुल होकर उसने अपने चोगे को अपने चेहरे पर लपेटकर अपनी आँखों को छिपा लिया क्योंकि ऐसा दारुण विश्वासघात देखना उसके लिए असह्य हो गया था! और तब पोम्पी की मूर्ति के चरणों के समीप, जबकि उसके शरीर से रक्त की धाराएँ गिर रही थीं, सीज़र, महान सीज़र गिर पड़ा! मेरे देशवासियो! आह! कैसा था वह पतन! उस समय मानो मैं और तुम और सब एकसाथ ही गिर पड़े और रक्त से भीगा हुआ हत्यारा विश्वासघात हमारे ऊपर रौंदकर चढ़ गया। क्यों रोते हो? अब रोकर भी क्या होगा? क्या करुणा तुम्हारे मर्म को विदीर्ण कर रही है? रक्त की बूँद हैं कि कृतज्ञता द्रवित हो रही है? दयार्द्र आत्माओ! क्या तुम सीज़र के फटे हुए वस्त्र को देखकर ही इस प्रकार फूट-फूटकर रो रहे हो? इधर देखो! यह रहा वह स्वयं! देखते ही आघातों से विकृत देह! पड़ा है यहाँ। किसने मारा है इसे! विश्वासघाती देशद्रोहियों ने!

---

1. एक जाति—बैल्जिक

**पहला नागरिक :** कितना करुण दृश्य है!

**दूसरा नागरिक :** हाय! सीज़र महान!

**तीसरा नागरिक :** हाय रे दुर्दिन!

**चौथा नागरिक :** अरे धूर्त देशद्रोहियो!

**पहला नागरिक :** कितनी निर्दय हत्या हुई है।

**दूसरा नागरिक :** हम इसका प्रतिशोध लेंगे!

**सब :** प्रतिशोध! उठो! बढ़ो! जला दो! भस्म कर दो! मारो! वध कर दो! एक भी देशद्रोही जीवित न रहे!

**ऐण्टोनी :** ठहरो मेरे देशवासियो!

**पहला नागरिक :** शान्त-शान्त! वीर ऐण्टोनी को सुनो!

**दूसरा नागरिक :** बोलो! बोलो! हम इसके साथ चलेंगे! हम उसके इशारे पर जान देंगे!

**ऐण्टोनी :** मेरे अच्छे मित्रो! दयालु मित्रो! नहीं, मैं तुम्हें इस प्रकार अकस्मात् ही विप्लव की बाढ़ में बहाना नहीं चाहता। जिन्होंने यह कार्य किया कि वे परम आदरणीय और सम्मानित व्यक्ति हैं। मैं नहीं जानता उनका सीज़र से क्या व्यक्तिगत विद्वेष था जो उन्होंने ऐसा कार्य किया। वे बुद्धिमान हैं, वे परम आदरणीय और सम्मानित हैं। निश्चय ही वे तुम्हें अपने कृत्य का कारण भी बताएँगे। मित्रो! मैं तुम्हें अनुचित रूप से प्रभावित करने नहीं आया हूँ। ब्रूटस की भाँति मैं वक्ता भी नहीं हूँ। तुम सबको ज्ञात है कि मैं एक सीधा-सादा व्यक्ति हूँ। मैं दुराव नहीं जानता। मैं अपने मित्र से प्रेम करता हूँ। और इसे वे भी जानते हैं, जिन्होंने मुझे प्रजा में बोलने का अधिकार दिया है। न मुझमें बुद्धि है, न चातुर्य! न मैं शब्दजाल जानता हूँ, न मुझमें वक्तृता की शक्ति ही है। कोई योग्यता नहीं, कोई मेरे पास कार्य-कुशलता भी नहीं है कि मैं मनुष्यों के लहू को खौला सकूँ! जिसे आप स्वयं जानते हैं वही मैंने आपके सामने सीधी-सादी भाषा में व्यक्त किया है। मैंने तो आपको केवल प्रिय सीज़र के घाव दिखाए हैं जो गूँगे मुखों की भाँति मुझको बोलने के लिए प्रेरित कर रहे हैं। किन्तु यदि मैं ब्रूटस होता या ब्रूटस मेरे स्थान पर खड़ा होता तो मैंने आपकी चेतना को झकझोरकर रख दिया होता कि सीज़र का प्रत्येक घाव मुँह

खोलकर पुकारने लगता, जिसका आवाहन सुनकर महानगर रोम के हृदयहीन पाषाण तर्क विक्षुब्ध विद्रोहियों की भाँति विप्लव के लिए सन्नद्ध होकर गरंजने लगते।

**सब** : विप्लव! विद्रोह! हम विद्रोही हैं!

**पहला नागरिक** : हम ब्रूटस के घर को धू-धू करके जला देंगे।

**तीसरा नागरिक** : चलो! षड्यन्त्रकारियों को ढूँढो।

**ऐण्टोनी** : मेरे देशवासियो! सुनो! अभी मेरी बात समाप्त नहीं हुई—

**सब** : शान्त! शान्त! ऐण्टोनी बोल रहा है। वीर ऐण्टोनी बोल रहा है।

**ऐण्टोनी** : मेरे मित्रो! आप ऐसा काम करने चल पड़े हैं कि जिसे अभी आप समझ भी नहीं रहे हैं। सीज़र ने आपका इतना स्नेह पाने योग्य क्या किया है? कैसा दुःख है कि आप यह नहीं जानते! आइए मैं बताऊँ। क्या आप उस वसीयत के बारे में सब कुछ भूल गए हैं?

**पहला नागरिक** : अरे हाँ! वसीयत! सुनो! रुको! पहले वसीयत को तो सुनो।

**ऐण्टोनी** : यह है वह वसीयत! देखो सीज़र की मुद्रा से अंकित है। वह प्रत्येक रोम के नागरिक को देता है—प्रत्येक नागरिक को 75 मुद्राएँ—75 द्राख्मा![1]

**दूसरा नागरिक** : उदार महान सीज़र! दानी सीज़र! हम उसकी हत्या का प्रतिशोध लेंगे!

**तीसरा नागरिक** : राजराज सीज़र!

**ऐण्टोनी** : शान्ति से मेरी बात सुनो!

**पहला नागरिक** : सुनो, सुनो!

**ऐण्टोनी** : इसके अतिरिक्त अपने उद्यान, अपने कुञ्ज, अपने फलों से लदे नये उपवन, जो टाइबर नदी के इस ओर हैं, वे सब उसने आपको दिए हैं। आपको, अपनी सन्तान को, सदा के लिए दिए हैं; सार्वजनिक आनन्द के लिए दिए हैं कि आप उनमें विहार कर सकें और हर्ष तथा मंगल मनाया करें। यह था एक सीज़र! क्या ऐसा दूसरा हो सकेगा?

**पहला नागरिक** : कभी नहीं, कभी नहीं होगा! चलो, चलो! हम पवित्र स्थान में उसके शव का दाह-संस्कार करें और चिता की धधकती लकड़ियाँ लेकर

1. 75 द्राख्मा—3 पौंड

षड्यन्त्रकारियों के घरों को जला दें। चलो, शव को ले चलें।

**दूसरा नागरिक :** जाओ, अग्नि लाओ!

**तीसरा नागरिक :** लकड़ियाँ एकत्र करो।

**चौथा नागरिक :** चलो, हम आसन, कुर्सी, खिड़कियाँ और जो हाथ लगे तोड़ लाएँ।

**(शव के साथ नागरिकों का प्रस्थान)**

**ऐण्टोनी :** आग फूट निकली हैं। बढ़ने दो इस विप्लव की ज्वाला को, धधकने दो।

**(एक सेवक का प्रवेश)**

कौन? तू है? क्या बात है?

**सेवक :** श्रीमान! ऑक्टेवियस रोम में आ भी गए हैं।

**ऐण्टोनी :** कहाँ हैं वे?

**सेवक :** वे और लैपीडस सीज़र के भवन में हैं।

**ऐण्टोनी :** मैं भी सीधे वहीं जाकर उनसे मिलता हूँ। कैसे मौके से आए हैं वे! भाग्य अनुकूल है। लगता है हम सफल होंगे।

**सेवक :** मैंने उन्हें कहते सुना था कि ब्रूटस और कैशस रोम के नगर-द्वार से पागलों की तरह घोड़ों पर भागे जा रहे थे।

**ऐण्टोनी :** शायद उन्हें पता चल गया है कि मैंने लोगों को कितना उत्तेजित कर दिया है। अब मुझे ऑक्टेवियस के पास ले चलो। *(प्रस्थान)*

## दृश्य 3

**(रोम; एक सड़क)**

**(कवि सिन्ना का प्रवेश)**

**सिन्ना :** मैंने रात को सपना देखा था कि मैं सीज़र के साथ दावत खा रहा

हूँ। किन्तु अब यह कल्पना मुझे डरा रही है। आज मैं घर के बाहर नहीं जाना चाहता, किन्तु न जाने क्या मुझे खींचे लिए जा रहा है!

(नागरिकों का प्रवेश)

**पहला नागरिक** : क्या है तुम्हारा नाम?

**दूसरा नागरिक** : कहाँ जा रहे हो?

**तीसरा नागरिक** : ऐ, तुम कहाँ रहते हो?

**चौथा नागरिक** : तुम विवाहित हो या कुँवारे?

**दूसरा नागरिक** : प्रत्येक व्यक्ति को सीधा उत्तर!

**पहला नागरिक** : और संक्षेप में।

**चौथा नागरिक** : और विवेक से।

**तीसरा नागरिक** : और सच-सच। कुशल इसी में है।

**सिन्ना** : क्या है मेरा नाम? कहाँ जा रहा हूँ मैं? और रहता कहाँ हूँ? विवाहित हूँ या कुँवारा? और तब प्रत्येक व्यक्ति को सीधा, संक्षिप्त, विवेकपूर्ण और सच-सच उत्तर दूँ? विवेकपूर्ण मैं कहता हूँ कि मैं कुँवारा हूँ।

**दूसरा नागरिक** : तुम्हारा कहने का मतलब तो यह हुआ कि जो विवाह करते हैं वे मूर्ख हैं? इसके लिए एक कड़ी सज़ा तुम्हें मेरे हाथों झेलनी होगी। और बोलो! सीधे!

**सिन्ना** : सीधे! मैं सीज़र के दाह-संस्कार में जा रहा हूँ।

**पहला नागरिक** : दोस्त की तरह या दुश्मन की तरह।

**सिन्ना** : दोस्त की तरह।

**दूसरा नागरिक** : यह तो सीधा उत्तर हुआ।

**चौथा नागरिक** : अपने निवास के बारे में—संक्षेप में...

**सिन्ना** : संक्षेप में, मैं राजधानी के पास रहता हूँ।

**तीसरा नागरिक** : और जनाब, आपका नाम, सच-सच!

**पहला नागरिक** : इसके टुकड़े-टुकड़े कर दो! यह षड्यन्त्रकारी है!

**सिन्ना** : मैं कवि सिन्ना हूँ! मैं कवि सिन्ना हूँ!

**चौथा नागरिक** : तब इसे इसकी बुरी कविताओं के लिए टुकड़े-टुकड़े कर दो!

**सिन्ना** : मैं षड्यन्त्रकारी सिन्ना नहीं हूँ।

**चौथा नागरिक** : उससे क्या होता है? उसका नाम तो यही है! इसके हृदय को फाड़कर इसका नाम निकाल लो और फिर हम इसे जोड़ देंगे।

**तीसरा नागरिक** : मारो! काट डालो इसे! जलती लकड़ियाँ लेकर चलो! ब्रूटस, कैशस, सबको जला दो! कुछ डेसियस के घर जाओ, कुछ कास्का के, कुछ लिगारियस के। चलो! आगे बढ़ो!

**(प्रस्थान)**

# चौथा अंक

## दृश्य 1

**(रोम; ऐण्टोनी के घर का एक कमरा)**

**(ऐण्टोनी, ऑक्टेक्वियस और लैपीडस एक मेज पर चारों ओर बैठे हैं।)**

**ऐण्टोनी :** तो इन सबको मृत्यु ही देनी होगी। ये हैं इनके नाम।

**ऑक्टेवियस :** क्या कहते हो लैपीडस? तुम्हारे भाई का नाम भी इस सूची में है; तुम स्वीकार तो करते हो?

**लैपीडस :** करता हूँ...

**ऑक्टेवियस :** लिख लो एण्टोनी, उसका भी नाम।

**लैपीडस :** लेकिन शर्त यह है कि पब्लियस को भी मृत्युदण्ड मिलेगा मार्क ऐण्टोनी! वह तुम्हारा भानजा है?

**ऐण्टोनी :** वह तो नहीं ही रहेगा। देखो। उसका नाम तो मैंने पहले ही लिख रखा है। लेकिन लैपीडस! तुम सीज़र के घर जाओ। और उसकी वसीयत ले आओ ताकि उस वसीयतनामे में से दान को कम कर दें।

**लैपीडस :** तो क्या आप लोग यहीं मिलेंगे?

**ऑक्टेवियस :** या तो यहीं होंगे या फिर राजधानी में।

**(लैपीडस का प्रस्थान)**

**ऐण्टोनी :** यह एक तुच्छ और व्यर्थ का व्यक्ति है। यह केवल इस योग्य है कि इधर से उधर सन्देश पहुँचाए। क्या यह उचित होगा कि रोमन साम्राज्य की विशाल शक्ति को जिन तीन व्यक्तियों के हाथ में रखा जाएगा, उनमें से एक यह भी होगा?

**ऑक्टेवियस :** तुमने ही तो उसे इस योग्य समझा है और तुमने ही उससे

यह भी राय ली कि अपने शत्रुओं को मृत्युदण्ड देने के लिए बनाई जाने वाली गुप्त सूची में किस-किसका नाम लिया जाए।

**ऐण्टोनी :** ऑक्टेवियस! मैंने तुमसे कहीं ज्यादा बरसातें देखी हैं। यद्यपि हम इस व्यक्ति को इसलिए सम्मान दे रहे हैं कि वह हमारे ऊपर होने वाले आक्रमण के भार को बँटाकर हमें हल्का कर सके, लेकिन यह याद रखो कि वह उसे ऐसे ही ढोएगा कि जैसे कोई गधा सोने के ढेर को ढोने में पसीने से लथपथ हो जाता है, किन्तु उसका लाभ नहीं उठा सकता। हम तो नकेल डालकर उसे चाहे जिधर चलाएँगे। जब हम ख़ज़ाने को अपने गन्तव्य पर पहुँचा चुकेंगे तब हम उसे कान हिलाकर औरों के साथ चरने को छोड़ देंगे।

**ऑक्टेवियस :** तुम जो चाहो करो, लेकिन यह याद रखना कि वह एक तपा हुआ बहादुर सिपाही है।

**ऐण्टोनी :** और ऐसा ही मेरा घोड़ा भी है ऑक्टेवियस! इसीलिए तो मैं उसे भी चारा-पानी देने की मेहनत करता हूँ। वह एक ऐसा जानवर है जिसे मैं लड़ना सिखाता हूँ, सिर्फ इसलिए कि चाहे जिधर वक्त पर मोड़ सकूँ, दौड़ा सकूँ, रोक सकूँ, घुमा सकूँ। और कुछ हद तक यही हाल लैपीडस का है। ऐसे ही उसे भी सिखाना चाहिए ताकि वह हमारा काम कर सके, क्योंकि बखुद वह अक्ल का पट्ठा है। उसकी समझ में अपने-आप तो कुछ नहीं आता। जिसे लोग पुराना कहकर छोड़ देते हैं उसे ही वह फैशन समझकर स्वीकार कर लेता है। उसके बारे में तो सिवाय इसके कि उसे अपने हाथ का एक पुतला समझकर बातें की जाएँ और कोई बात नहीं करनी चाहिए। सुनो ऑक्टेवियस! अब ज़रा बड़ी-बड़ी बातों पर गौर करो। ब्रूटस और कैशस सेना एकत्र कर रहे हैं, अपनी शक्ति बढ़ा रहे हैं। हमें अब सीधी कर्रवाई करनी चाहिए। आओ, हम सब अपनी शक्ति को संगठित करें। सारे मित्र एक हो जाएँ; हमारे सारे सर्वश्रेष्ठ साधन तुरन्त प्रयोग में लाने जाने चाहिएँ। हमें शीघ्र ही इस पर मन्त्रणा करनी चाहिए कि किस तरह छिपे हुए खतरे ज़ाहिर किए जाएँ और ज़ाहिर खतरों का किस तरह जवाब दिया जाए।

**ऑक्टेवियस :** हमें यहीं करना चाहिए, क्योंकि हम खूँटे से बँधे हुए उस रीछ

की तरह हैं जिसे उसके दुश्मन कुत्तों की तरह घेर लेते हैं। मुझे तो डर यह है कि बहुत-से लोग जो बड़े भोले बनकर हमें देखकर मुस्कराते हैं वे ही कहीं लाखों आफतें ढोनेवाले न साबित हों। *(प्रस्थान)*

## दृश्य-2

**(सर्दिस के निकट सैन्यनिवेश में ब्रूटस के शिविर के सामने)**

**(भेरी-निनाद; ब्रूटस, लूसिलियस, लूशियस तथा अन्य सिपाहियों का प्रवेश; टिटीनियस और पिण्डारस उनसे मिलते हुए बढ़ते हैं।)**

**ब्रूटस** : रुक जाओ!

**लूसिलियस** : खड़े होने की आज्ञा दो।

**ब्रूटस** : लूसिलियस! क्या कैशस पास ही है?

**लूसिलियस** : हाँ, निकट ही है। अपने स्वामी की ओर से तुम्हारा अभिवादन करने को पिण्डारस आया है।

**ब्रूटस** : पिण्डारस? तुम्हारा स्वामी मुझे सद्भावनाएँ भेज रहा है? या तो उसमें कुछ परिवर्तन आ गया है या निम्नकोटि के पदाधिकारी इसके लिए उत्तरदायी हैं। जो हो, कुछ बातें हुई हैं, या नहीं हुई हैं; कुछ भी हो, लेकिन जब वह आ ही गया है तो मुझे उत्तर मिलना ही चाहिए।

**पिण्डारस** : मुझे इसमें रत्ती-भर भी संशय नहीं है कि मेरे वीर और उच्चहृदय स्वामी आपके सामने उच्च और वैसे ही निष्कपट सिद्ध होंगे, जैसे वे वास्तव में हैं।

**ब्रूटस** : इसमें कोई सन्देह नहीं। लूसिलियस, सुनो! मुझे बताओ, उसने तुम्हारे साथ कैसा व्यवहार किया जब तुम उससे मिलने गए थे?

**लूसिलियस** : उसका व्यवहार था तो बहुत सम्मानपूर्ण और सौजन्योचित, किन्तु उसमें न तो वह स्वतन्त्रता थी, न वह मैत्रीभाव ही था जैसा कि पहले दिखाया करता था।

**ब्रूटस** : लूसिलियस! तुम्हारे कहने से तो यह लगता है कि पहले का स्नेह अब घटता जा रहा है। जब प्रेम कम होने लगता है तब बाह्याडम्बर निश्चित

रूप से ऊपर छाने लगता है। गहरे मित्र अपने सीधे-सादे व्यवहार में किसी प्रकार की चालबाज़ी नहीं दिखाते किन्तु खोखले आदमी पहले तो जोशीले घोड़े की तरह लम्बी चौकड़ी भरकर अपना वेग दिखाते हैं किन्तु जब उनको एड़ लगाई जाती है तब उनका सिर लटक जाता है और धोखेबाज़ घोड़ों की तरह परीक्षा में असफल हो जाते हैं। क्या उसकी सेना भी आ रही है?

**लूसिलियस :** आज रात तो वे सर्दिस में ही बिताना चाहते हैं। वैसे अधिकांश सेना, जिसमें अश्वारोही बहुत हैं, कैशस के साथ आ गई है।

**(नेपथ्य में सेना के चलने की आवाज़)**

**ब्रूटस :** सुनो! यह आ गया। नम्रता से उससे मिलने के लिए बढ़ो।

**(कैशस और उसकी सेना का प्रवेश)**

**कैशस :** रुक जाओ!

**ब्रूटस :** रुक जाओ! औरों से कहो।

**पहला सैनिक :** रुक जाओ!

**दूसरा सैनिक :** रुक जाओ!

**तीसरा सैनिक :** रुक जाओ!

**कैशस :** परम आदरणीय बन्धु! तुमने मेरे साथ अन्याय किया है।

**ब्रूटस :** आकाश के देवताओ! मेरा न्याय करो! जब मैं अपने शत्रुओं के साथ भी अन्याय नहीं करता, तो अपने एक बन्धु के प्रति कैसे कर सकता हूँ!

**कैशस :** ब्रूटस! तुम्हारी यह भव्य आकृति तुम्हारे अन्यायों को ढँक लेती है और जब तक उन्हें करते हो...

**ब्रूटस :** कैशस! शान्त होकर अपनी वेदना को शान्तिपूर्वक कहो। मैं तुम्हें अच्छी तरह जानता हूँ। हम दोनों की सेनाएँ यहाँ उपस्थित हैं और हमें देख रही हैं। पारस्परिक प्रेम के अतिरिक्त हमें उनके सामने और कोई भाव प्रकट नहीं करना चाहिए। हमें लड़ना नहीं चाहिए। आज्ञा दो कि वे यहाँ से हट जाएँ। तब मेरे शिविर में चलकर कैशस, तुम अपने दुःख को प्रकट करो! मैं तुम्हारी बात वहीं सुनूँगा।

**कैशस :** पिण्डारस! हमारे सेनानायकों को आज्ञा दो कि वे अपने अधीन सैनिकों को लेकर दूर हट जाएँ।

**ब्रूटस :** लूसिलियस! तुम भी यही करो। जब तक हम अपनी मन्त्रणा समाप्त न कर लें तब तक किसी को भी हमारे शिविर में न आने देना। लूशियस और टिटीनियस मेरे द्वार पर पहरा दें। *(प्रस्थान)*

## दृश्य 3

**(ब्रूटस का शिविर)**

**(ब्रूटस और कैशस का प्रवेश)**

**कैशस :** तुमने मेरे साथ जो अन्याय किया है वह इसी से प्रकट हो जाएगा। सर्दिसनों से रिश्वत लेने के अपराध पर लूशियस पैला को तुमने अपमानित करके दण्डनीय ठहराया है। उसकी ओर से प्रार्थना करते हुए मैंने तुम्हें कई पत्र लिखे, मैं उस व्यक्ति को जानता था, किन्तु तुमने उन पत्रों की उपेक्षा की।

**ब्रूटस :** ऐसे मामले के बारे में लिखकर तो तुमने अपनी ही बुराई की।

**कैशस :** लेकिन ऐसे समय में यह भी ठीक नहीं है कि साधारण से साधारण अपराध पर तुम ऐसी राय दो।

**ब्रूटस :** कैशस! मुझे तुमसे कहना ही पड़ता है कि तुम पर भी रिश्वत लेने के अभियोग हैं। लोग कहते हैं कि तुम ऊँचे और जिम्मेदारी के पदों को ऐसे लोगों को बेच रहे हो जिनमें न कोई विशेष योग्यता है न विशेष गुण ही।

**कैशस :** मैं रिश्वत का लालची हूँ? तुम जानते हो ब्रूटस, कि मेरे दोस्त होने के नाते तुम मुझसे नाजायज़ फायदा उठा रहे हो? यदि तुम्हारे अतिरिक्त कोई और ऐसी बात कहता तो मैं देवताओं की शपथ खाकर कहता हूँ, यहीं दो टुकड़े कर देता।

**ब्रूटस :** केवल तुम्हारा नाम का सम्बन्ध भ्रष्टाचार से लगा हुआ है इसीलिए अभी तक तुम दण्ड से बचे हुए हो।

**कैशस** : तुम दण्ड की बात कर रहे हो?

**ब्रूटस** : कैशस! 15 मार्च का स्मरण करो और याद करो कि उस दिन क्या हुआ था! क्या उस दिन न्याय के लिए ही महान जूलियस सीज़र का रुधिर नहीं बहा था? कौन ऐसा नीच था जिसने न्याय के अतिरिक्त किसी अन्य भावना की लिप्सा से उसके शरीर पर आघात किया था? डाकुओं का सहयोगी बन जाने के कारण सारे संसार के एक विख्यात और अग्रणी पुरुष जूलियस सीज़र को जिन लोगों ने मारा था, उन्हीं में से क्या एक ऐसा निकलेगा जिनकी उँगलियाँ रिश्वत के धन से गन्दी हो जाएँगी? क्या वह हमारे महान आत्मसम्मान को, हमारे गौरव को मुट्ठी-भर व्यर्थ का सुवर्ण लेकर बेच देगा? यदि ऐसा है तो रोम का एक वीर निवासी होने की अपेक्षा मेरे ही लिए कहीं अच्छा होता कि मैं एक कुत्ता होता और चन्द्रमा की ओर देखकर भौंका करता!

**कैशस** : ब्रूटस! मुझे उत्तेजित मत करो। मैं इसे नहीं सह सकता। मेरे अधिकारों को सीमाबद्ध करते समय तुम अपने-आपको भूले जा रहे हो? मैं एक सिपाही हूँ। मैं तुमसे एक पुराना योद्धा हूँ। समझौता करने के लिए मैं तुमसे अधिक अनुभवी और योग्य हूँ।

**ब्रूटस** : नहीं कैशस, तुम नहीं हो। यही काफी है।

**कैशस** : हूँ और निश्चय हूँ!

**ब्रूटस** : मैं कहता हूँ नहीं हो।

**कैशस** : मुझे और आवेश से न भरो। मैं अपने-आपको भूल जाऊँगा। अपने जीवन की चिन्ता करो। मुझे और मत उकसाओ।

**ब्रूटस** : चले जाओ! नीच!

**कैशस** : क्या यह भी सम्भव है?

**ब्रूटस** : तो सुन लो! क्या मैं तुम्हारे क्रोध से विचलित हो जाऊँगा? क्या कोई पागल मुझे घूरने लगेगा तो मैं डर जाऊँगा?

**कैशस** : ओ देवताओ! बोलो मेरे देवताओ! क्या यह सब भी मुझे सहना पड़ेगा?

**ब्रूटस** : हाँ, कैशस! यही नहीं, अभी तो बहुत कुछ शेष है! तब तक सहना होगा जब तक तुम्हारा गर्वी हृदय खण्ड-खण्ड न हो जाए। जाओ! अपना

यह क्रोध अपने दासों को प्रदर्शित करो कि तुम्हारे वे आश्रित आतंक से थर्रा उठें। क्या मैं भी तुमसे डरूँ? क्या मैं भी तुम्हारा आदर करूँ? क्या मैं भी तुम्हारे आक्रोश के सामने अपने घुटने टेक दूँ? देवताओं की शपथ? अपना क्रोध, मैं कहता हूँ, तुम्हें ही निगलना पड़ेगा, चाहे उससे तुम्हारा हृदय ही क्यों न विदीर्ण हो जाए! और यही नहीं, तुम्हारे इस दीन क्रोध को देखकर मैं ठठाकर हँसा करूँगा, आनन्द-विभोर हुआ करूँगा!

**कैशस :** तो क्या इसका यह नतीजा निकलेगा? यहाँ तक?

**ब्रूटस :** यदि तुम समझते हो कि तुम मुझसे अच्छे योद्धा हो तो फिर इसका भी निर्णय हो जाने दो। अपने दम्भ को सत्य होने दो। मुझे भी इससे प्रसन्नता ही होगी। महान पुरुषों से कुछ सीखने में मुझे भी सदा ही प्रसन्नता होती है।

**कैशस :** तुम मेरे साथ अन्याय कर रहे हो ब्रूटस! तुम मेरे साथ अत्याचार कर रहे हो! हर प्रकार से अन्याय कर रहे हो! मैंने अवस्था में बड़ा योद्धा कहा था, न कि तुमसे अच्छा! क्या मैंने अच्छा कहा था!

**ब्रूटस :** यदि तुमने कहा था तो मुझे कोई चिन्ता नहीं।

**कैशस :** जब सीज़र जीवित था तब उसमें भी मुझे इस प्रकार उत्तेजित करने का साहस नहीं था!

**ब्रूटस :** शान्त! शान्त! किन्तु तुममें भी उसे इस प्रकार क्रुद्ध करने का साहस नहीं था।

**कैशस :** मुझमें साहस नहीं था?

**ब्रूटस :** नहीं।

**कैशस :** क्या मैं उसे उत्तेजित नहीं कर सकता था?

**ब्रूटस :** मैं कहता हूँ, सारे जीवन में नहीं, क्योंकि उस समय तुम्हें अपना जीवन प्रिय था।

**कैशस :** मेरे प्रेम का आधार लेकर बहुत कुछ अपनी ओर से कल्पना मत कर लो। मैं ऐसा भी कर सकता हूँ। जिससे भले ही मुझे बाद में अत्यन्त दुःखी होना पड़े।

**ब्रूटस :** तुमने ऐसा काम तो कर भी डाला है कैशस! जिसके लिए तुम्हें दुःखी होना ही चाहिए। मैं तुम्हारी धमकियों से भयभीत नहीं हो सकता। मैं

ईमानदारी के हथियारों से इतना सजा हुआ हूँ कि तुम्हारी धमकियाँ धीमी हवा की भाँति मेरे चारों ओर से निकल जाती है। मैं उनकी परवाह नहीं करता। मैंने तुमसे कुछ सुवर्ण मँगाया था परन्तु तुमने देने से मना कर दिया। देवता जानते हैं, मैं किसानों की गाढ़ी कमाई छीनने के जघन्य साधन की अपेक्षा अपने हृदय से परिश्रम करके अपने रक्त की एक-एक बूँद टपकाकर ही धन एकत्र करना उचित समझता हूँ। मैंने तुमसे धन माँगा था कि अपने सैनिकों का वेतन चुका सकूँ, किन्तु तुमने देने से मना कर दिया। क्या यह कैशस के लिए उचित था? क्या मैं भी कैशस को ऐसा ही उत्तर देता? यदि मार्कस ब्रूटस ऐसा लोलुप हो जाए कि अपने मित्रों को देने के स्थान पर वह तुच्छ धन को कृपणता से संचित करने लगे तो, आकाश के देवताओ! उस पर इतने भीषण वज्रपात करो कि वह खण्ड-खण्ड हो जाए।

**कैशस** : मैंने कभी मना नहीं किया।

**ब्रूटस** : तुमने किया था।

**कैशस** : कभी नहीं किया। वह व्यक्ति जिसने मेरी ओर से तुम्हें ऐसा उत्तर आकर सुनाया वह निश्चित ही मूर्ख था। ब्रूटस! तुमने मेरे हृदय को विदीर्ण कर दिया है। एक मित्र को अपने मित्र के अभाव और दोषों को सहन करना चाहिए। किन्तु ब्रूटस! तुम मेरी निर्बलताओं को इतना बड़ा करके दिखाते हो जितनी वे हैं भी नहीं।

**ब्रूटस** : जब तक तुमने स्वयं ही अपनी निर्बलताओं को मेरे समक्ष लाकर उपस्थित नहीं किया, तब तक मैंने तो कुछ भी नहीं कहा।

**कैशस** : तुम मुझसे प्रेम नहीं करते।

**ब्रूटस** : मैं तुम्हारे अपराधों को पसन्द नहीं करता।

**कैशस** : मित्र की आँख होती तो वह निर्बलता को देख भी नहीं पाती।

**ब्रूटस** : एक खुशामदी को तो वे दिखाई ही नहीं देतीं चाहे वे देवताओं के महान और विशाल पर्वत से भी बड़ी क्यों न हों।

**कैशस** : आओ ऐण्टोनी! तरुण ऑक्टेवियस आओ! केवल कैशस से ही अपना प्रतिशोध लो, क्योंकि कैशस का दिल इस दुनिया से अब भर गया है। जिनसे वह प्रेम करता है वे ही उससे घृणा करते हैं। उसका बन्धु उसको दबा रहा है, मानो वह उसका दास हो। उसके समस्त अपराधों की सूची बनाकर रखी गई है। और उसके बन्धु ने उन्हें रट लिया है, बार-बार

सुनाकर उसके हृदय को बेध रहा है। आह! क्या ही अच्छा होता कि रो-रोकर मैं अपनी चेतना को ही घुला-घुलाकर बहा देता! यह मेरा छुरा है, यह मेरी खुली हुई छाती, इसके अन्दर प्लूटो[1] की समस्त धनराशि से भी अधिक मूल्यवान, सुवर्ण से अधिक सम्पन्न और पूर्ण मेरा हृदय है। यदि तुम रोम के एक वीर निवासी हो तो इसको निकाल लो! मैं, जिसने तुम्हें सोना देना अस्वीकार कर दिया था, तुम्हें अपना हृदय देता हूँ। मारो! जैसे तुमने सीज़र को मारा था, क्योंकि मैं जानता हूँ कि जब तुम उससे अत्यन्त घृणा करते थे तब भी उसके प्रति तुम्हारे हृदय में कैशस के प्रति होने वाले प्रेम की अपेक्षा कहीं अधिक प्रेम था।

**ब्रूटस** : अपने छुरे को म्यान में रखो। जब तुम्हारी इच्छा होती है तभी तुम क्रुद्ध हो लेते हो। मनमानी करने की आदत तो तुम्हारे स्वभाव के कारण है, यह मैं जानता हूँ। मैं सब कुछ सह लूँगा, भले ही तुम मुझे अपमानित कर लो। मैं एक भेड़ के मेमने की तरह नम्र हूँ; जो ऐसे ही क्रोध को लेकर चलता है जो हृदय में छिपा रहता है परन्तु कभी-कभी चमक उठता है और वह भी तब, जब चकमक की तरह रगड़कर उसे बाहर निकलने को विवश किया जाता है। क्षण-भर में ही वह शान्त हो जाता है।

**कैशस** : क्या दुःखी और क्रुद्ध होने पर कैशस केवल ब्रूटस के उपहास और विनोद का ही साधन बनकर जीवित रह सकता है?

**ब्रूटस** : जब मैंने वह सब कहा था तब मैं भी क्रुद्ध हो गया था।

**कैशस** : क्या तुम इतना-भर स्वीकार करते हो! तो मुझे अपना हाथ दो।

**ब्रूटस** : और मेरा हृदय भी।

**कैशस** : आह ब्रूटस!

**ब्रूटस** : क्यों, क्या हुआ?

**कैशस** : क्या तुम मुझे इतना भी प्यार नहीं करते कि मेरे इस क्रोध को ही सह लिया करो, और जानते हो कि ऐसा स्वभाव मैंने अपनी माँ से पाया है।

**ब्रूटस** : हाँ, कैशस! आज से जब कभी तुम ब्रूटस से झगड़ोगे, उस पर

---

1. धन का देवता—कुबेर

क्रोध करोगे, तो वह यही समझकर तुम्हें छोड़ देगा कि तुम्हारी माता उसे फटकार रही है।

(नेपथ्य में कोलाहल)

**नेपथ्य में कवि :** मुझे सेनापतियों से मिलने के लिए जाने दो। उनमें कोई झगड़ा हो रहा है। उनका अकेला रहना ठीक नहीं।

**नेपथ्य में लूसिलियस :** तुम उन तक नहीं जा सकते।

**नेपथ्य में कवि :** मुझे मृत्यु के अतिरिक्त कोई नहीं रोक सकता।

**(कवि का प्रवेश; पीछे-पीछे लूसिलियस, टिटीनियस और लूशियस हैं।)**

**कैशस :** क्यों? क्या बात है।

**कवि :** तुम सेनापतियो! तुम्हें धिक्कार है! इसका क्या मतलब है? एक-दूसरे से प्रेम करो, एक-दूसरे के मित्र बनो, जैसा कि तुम जैसे आदमियों को करना चाहिए।

**कैशस :** वाह-वाह! इस निराशावादी ने कैसी भद्दी तुक मिलाई है!

**ब्रूटस :** ऐ मूर्ख! निकल यहाँ से, बदमाश कहीं का!

**कैशस :** उसकी बात को सह लो ब्रूटस? यह तो उसका स्वभाव है।

**ब्रूटस :** उचित समय पर ही मैं उसके हास्य को सह सकता हूँ, युद्ध स्थलों में ऐसे मूर्खों की आवश्यकता ही क्या है? ऐसों को क्या साथी बनाना!

**कैशस :** चलो-चलो, निकलो यहाँ से!

**(कवि का प्रस्थान)**

**ब्रूटस :** लूसिलियस! टिटीनियस! सेनानायकों को आज्ञा दो कि आज रात को सेना का पड़ाव यहीं डालने का प्रबन्ध करें।

**कैशस :** और मेसाला को लेकर तुम यहीं आ जाओ। तुरन्त!

**(लूसिलियस और टिटीनियस का प्रस्थान)**

**ब्रूटस :** लूशियस! मदिरा का चषक[1] लाओ।

---

1. पात्र

(लूशियस का प्रवेश)

**कैशस** : मुझे यह आशा नहीं थी कि तुम इतने क्रुद्ध हो उठोगे।

**ब्रूटस** : ओह कैशस। मुझे अपनी ही अनेक व्यथाएँ हैं।

**कैशस** : यदि तुम इस प्रकार की आकस्मिक घटनाओं से विचलित हो उठा करोगे तो फिर बताओ, तुमने अपने दार्शनिक ज्ञान का प्रयोग कहाँ किया?

**ब्रूटस** : मुझसे अधिक दुःखी इस संसार में और कोई न होगा! पोर्शिया का देहान्त हो गया है।

**कैशस** : हाय! पोर्शिया!

**ब्रूटस** : वह नहीं रही।

**कैशस** : हाय! तुम्हें इतना क्रुद्ध करने के बदले में मैं मर ही क्यों न गया! उफ! कैसा निस्सहाय और व्याकुल कर देनेवाला आघात है! क्या रोग था ऐसा उसे?

**ब्रूटस** : मेरी अनुपस्थिति से अधीर होकर वह व्यथित हो गई। उसे इसकी भी बड़ी वेदना हुई कि ऑक्टेवियस ने मार्क ऐण्टोनी के साथ एक विशाल सेना एकत्र कर ली है; उसकी मृत्यु के साथ ही वह समाचार भी मिला; और इस सबके कारण वह अपनी चेतना खो बैठी और सेवकों की अनुपस्थिति में वह जलता हुआ अंगारा उठाकर निगल गई।

**कैशस** : और फिर मर गई?

**ब्रूटस** : यही तो!

**कैशस** : आह, मृत्युञ्जय देवताओ!

(लूशियस का मदिरा तथा मोमबत्तियों के साथ प्रवेश)

**ब्रूटस** : उसके बारे में और बातें न करो—मुझे मदिरा का चषक दो...कैशस...मैं इसमें सारी कटुता को डुबा देना चाहता हूँ।

(पीता है।)

**कैशस** : मेरा हृदय भी उस महान प्रतिज्ञा के लिए प्यासा है। ढाल! लूशियस! इतनी ढाल कि प्याला ऊपर तक उफन आए और मदिरा बहने लगे। मैं जितनी पीऊँगा उतना उसका प्रेम तो मुझे नहीं मिलेगा।

(पीता है।)

**ब्रूटस** : भीतर आ जाओ टिटीनियस।

**(लूशियस का प्रस्थान; टिटीनियस और मेसाला का प्रवेश)**

**ब्रूटस** : स्वागत प्रिय मेसाला! अब हम लोग इस बत्ती के पास बैठें और अपनी ज़रूरत के सवालों पर विचार करें।

**कैशस** : पोर्शिया! क्या तू चली गई?

**ब्रूटस** : मैं तुमसे अनुनय करता हूँ कि पोर्शिया के बारे में और याद न दिलाओ। मेसाला! मुझे यहाँ पत्र मिले हैं कि मार्क ऐण्टोनी और तरुण ऑक्टेवियस एक विशाल सेना लेकर हम पर आक्रमण के लिए आ रहे हैं। वे लोग फिलिपी की ओर बढ़ रहे हैं।

**मेसाला** : यही भाव लिए कुछ पत्र मुझे भी मिले हैं।

**ब्रूटस** : और क्या लिखा है?

**मेसाला** : ऑक्टेवियस, ऐण्टोनी और लैपीडस ने सीनेट के 100 सदस्यों को राज्य के अपराधी घोषित करके मरवा डाला है।

**ब्रूटस** : तो हमारे पत्र परस्पर नहीं मिलते! मेरे में तो सीनेट के 70 सदस्य लिखे हैं, और वे अपराधी घोषित किए गए थे। उनमें सिसरो भी एक है।

**कैशस** : सिसरो भी एक है!

**मेसाला** : उस दण्ड की आज्ञा में सिसरो भी मारा गया। मेरे प्रभु! क्या आप अपनी पत्नी से पत्र प्राप्त करते रहे हैं।

**ब्रूटस** : नहीं मेसाला!

**मेसाला** : क्या आपके पत्रों में उसके विषय में कुछ भी नहीं लिखा है?

**ब्रूटस** : कुछ भी नहीं मेसाला!

**मेसाला** : क्या अजीब बात है!

**ब्रूटस** : क्यों पूछते हो? क्या उसके बारे में तुम्हारे पत्र में कुछ लिखा है?

**मेसाला** : नहीं मेरे प्रभु!

**ब्रूटस** : तुम रोम के निवासी हो मेसाला! सच बताओ।

**मेसाला** : तो फिर एक रोम-निवासी की भाँति ही यह सत्य सुनने को तत्पर

हो जाएँ। वह निश्चय ही मर गई है, और वह भी आश्चर्यजनक रीति से।

**ब्रूटस** : पोर्शिया! विदा! मेसाला! हमें भी तो मरना है। यह सोचकर कि पोर्शिया को एक दिन मरना ही था, मैं उसकी मृत्यु के दुःख को धैर्य के साथ सहन किए लेता हूँ।

**मेसाला** : महान व्यक्ति हानियों को इसी प्रकार सहन कर लेते हैं!

**कैशस** : मेरा भी विचार इस विषय में ऐसा ही है किन्तु मेरी प्रकृति तो मुझे इसे सहने नहीं देती।

**ब्रूटस** : जीवितों के विषय में विचार करें। क्या सोचते हो! क्या तुरन्त फिलिपी की ओर बढ़ना चाहिए?

**कैशस** : मैं इसे अच्छा नहीं समझता।

**ब्रूटस** : तुम्हारा कारण...?

**कैशस** : वह यह है—अच्छा होगा कि शत्रु हमें ढूँढे। उसके साधन इसमें नष्ट होंगे, सेना थकेगी, उनका अपना नाश होगा। और हम पड़े-पड़े चुपचाप यहीं शक्ति एकत्र करेंगे और जागरूक रहेंगे।

**ब्रूटस** : ज़रूर ही अच्छे वजूहात को अपने से बेहतर को जगह देनी होगी। इस जगह और फिलिपी के बीच के लोग मजबूर होकर ही हमारा साथ दे रहे हैं क्योंकि वे अपनी इच्छा से फौज में भर्ती नहीं हुए हैं। अगर दुश्मन बढ़ता हुआ आ गया तो वह इन लोगों को लेकर अपनी फौजी ताकत बढ़ा लेगा और बहुत-से लड़ने के साधन भी जुटा लेगा। इन सब बातों से दुश्मन की हिम्मत बढ़ेगी ही। अगर हम हमला करेंगे तो बीच में ही उसकी यह मदद कट जाएगी, क्योंकि अगर फिलिपी में हमने उससे मुठभेड़ की तो ये लोग पीछे रह जाएँगे।

**कैशस** : परन्तु बन्धु! मेरी भी तो सुनो...

**ब्रूटस** : क्षमा करना, यह भी तो सोचो कि हमें अपने दोस्तों से जितनी मदद मिल सकती थी वह मिल चुकी है। हमारी सेनाएँ पर्याप्त हैं। हमारे कारण भी उचित हैं। शत्रु प्रतिदिन बढ़ता जा रहा है, इधर हम इतने चढ़कर अब उतार की ओर हैं। मनुष्यों के कार्यों में एक बार बाढ़ आती है जिसे यदि उचित समय पर पहचान लिया गया तो मनुष्य भाग्यशाली बन जाता

है; और यदि आया हुआ अवसर चूक गया तो उसके जीवन की यात्रा दुःख और आपत्तियों से भर जाती है। आज हम लोग ऐसे ही समुद्र पर बह रहे हैं। अतः जैसे ही हमें सुयोग मिले, हमें उसका लाभ उठाना चाहिए, और नहीं तो अपने इस साहसिक कार्य का ही त्याग कर देना चाहिए।

**कैशस** : तब तुम्हारी जैसी इच्छा हो वही सही! हम लोग फिलिपी चलकर ही उनका सामना करेंगे।

**ब्रूटस** : हमारी बातों में बहुत रात बीत गई है और प्रकृति की आज्ञा मानना भी आवश्यक ही है। थोड़ी देर हम आराम कर लें। और कोई बात कहनी है?

**कैशस** : और कुछ कहना है। अच्छा नमस्कार! कल प्रातःकाल हम लोग शीघ्र ही चल देंगे।

**ब्रूटस** : लूशियस! *(लूशियस का पुनः प्रवेश)* मेरा चोगा!

**(लूशियस का प्रस्थान)**

विदा मेरे अच्छे मेसाला! नमस्कार टिटीनियस! वीर, कुलीन कैशस! आपकी रात अच्छी कटे! आराम मिले!

**कैशस** : आह प्रिय बन्धु! यह रात्रि बड़ी दुःखद घटना से प्रारम्भ हुई थी। हमारी आत्माओं में कभी भी भगवान् न करे ऐसा विरोध खड़ा हो। ब्रूटस ऐसी रात कभी भी न आए।

**ब्रूटस** : सब ठीक है।

**कैशस** : नमस्कार मेरे प्रभु!

**ब्रूटस** : नमस्कार मेरे प्रिय और श्रेष्ठ बन्धु!

**टिटीनियस और मेसाला** : नमस्कार श्रीमान ब्रूटस!

**ब्रूटस** : विदा! मित्रो! विदा!

**(सबका प्रस्थान)**

**(लूशियस का चोगे के साथ प्रवेश)**

**ब्रूटस** : ला, मुझे चोगा दे। तेरा बाजा कहाँ है?

**लूशियस** : शिविर में है।

**ब्रूटस** : बड़ी उनींदी आवाज़ में बोल रहा है तू! बड़ा शैतान है। फिर तेरा भी क्या कसूर है? चौकसी भी कब तक करनी पड़ती है! क्लॉडियस तथा मेरे कुछ और आदमियों को बुला, ताकि वे मेरे शिविर में गद्दों पर सोएँ।

**लूशियस** : वारो और क्लॉडियस?

**(वारो और क्लॉडियस का प्रवेश)**

**वारो** : क्या स्वामी बुलाते हैं?

**ब्रूटस** : मैं चाहता हूँ कि आप लोग मेरे ही डेरे में सो रहें। हो सकता है कि किसी काम के लिए मुझे तुम्हें अपने बन्धु कैशस के पास भेजने के लिए शीघ्र जगाना पड़े।

**वारो** : बहुत अच्छा! हम सेवा में उपस्थित हैं। जब आज्ञा देंगे, प्रतीक्षा करेंगे।

**ब्रूटस** : नहीं मित्रो! यह ठीक नहीं होगा। आप लोग सोएँ। हो सकता है, मुझे किसी को जगाने की ज़रूरत ही न पड़े। देख लूशियस! जिस किताब की मुझे ज़रूरत थी न, वह यहाँ है। मैंने इसे चोगे की जेब में रख दिया था।

**(वारो और क्लॉडियस लौटते हैं।)**

**लूशियस** : श्रीमान्, मुझे तो पूरा विश्वास था कि आपने उसे मुझे नहीं दिया था।

**ब्रूटस** : हाँ, मुझसे ही भूल हुई। मेरे अच्छे लड़के, मैं बड़ा भुलक्कड़ हूँ। क्या तू थोड़ी देर अपनी उनींदी पलकों का झपकना किसी तरह रोककर मुझे अपना बाजा बजाकर सुना सकता है?

**लूशियस** : जिसमें मेरे स्वामी को प्रसन्नता मिले!

**ब्रूटस** : मुझे सुख मिलता है रे बालक! कष्ट दे रहा हूँ तुझे; पर तुझे भी तो यह अच्छा लगता है।

**लूशियस** : यह तो मेरा कर्तव्य है श्रीमान्!

**ब्रूटस** : तेरी शक्ति से अधिक कार्य मैं तुझसे नहीं लेना चाहता। मैं जानता हूँ कि नवयुवकों को विश्राम की आवश्यकता होती है।

**लूशियस** : मेरे स्वामी! मैं तो सो चुका हूँ।

**ब्रूटस :** यह अच्छा किया। और तू फिर भी तो सोएगा; मैं अब तुझसे अधिक प्रतीक्षा नहीं कराऊँगा। यदि मैं जीवित रहा तो सदैव तेरे लिए कृपालु रहूँगा।

**(संगीत और गान)**

कैसी उनींदी तान है! ओ हत्यारी नींद! तूने अपना भारी दण्ड लूशियस के सिर पर रख दिया है? वह मुझे गीत सुना रहा था। अच्छी बात है। शैतान, सो जा! मैं तुझे इतनी देर जगाकर और कष्ट न दूँगा। कहीं हिलने में बाजे को न तोड़ डाले। ला, मैं ले लूँ तुझसे। मेरे अच्छे बालक! सो जा। देखूँ, देखूँ तो, जहाँ मैंने पढ़ना छोड़ा था, कहीं पृष्ठ तो नहीं पलट गया? अरे यह रहा!

**(बैठता है। सीज़र के प्रेत का प्रवेश। सेवक नींद में चिल्ला उठते हैं।)**

अरे रे, यह बत्ती कितनी धुँधली है! अरे! यह कौन आ रहा है? शायद यह मेरे नेत्रों की दुर्बलता है कि मुझे यह भयानक आकृति दिखाई दे रही है। यह तो मेरी ही ओर आ रही है।...क्या है तू...सचमुच...कुछ है...तू कोई देवता है या देव-दूत...या कोई शैतान...कि मेरा लहू जमा जा रहा है...और रोंगटे खड़े हो रहे हैं...कौन है तू...बोल...

**प्रेत :** ब्रूटस, मैं तेरी दुरात्मा हूँ।

**ब्रूटस :** क्या चाहते हो तुम...?

**प्रेत :** तुझे यह बताना, कि तू मुझे फिलिपी में मिलेगा।

**ब्रूटस :** अच्छा! तब तो मैं फिर तुझे देखूँगा!

**प्रेत :** हाँ, फिलिपी में।

**ब्रूटस :** अच्छी बात है, मैं तुझसे फिलिपी में मिलूँगा।...

**(प्रेत अन्तर्धान होता है)**

जब मुझे साहस आया यह लुप्त हो गई! ओ दुष्ट आत्मा! मैं तुझसे और बात करना चाहता हूँ। लड़के! लूशियस! वारो! क्लॉडियस! अरे! जागो क्लॉडियस!

**लूशियस** : मेरे स्वामी, बाजे के तार बिगड़ गए हैं।

**ब्रूटस** : यह समझ रहा है कि अब भी वह अपना बाजा बजा रहा है। जाग लूशियस! जाग!

**लूशियस** : प्रभु!

**ब्रूटस** : लूशियस! क्या तूने सपना देखा था कि तू इस तरह चिल्ला उठा?

**लूशियस** : पता नहीं, स्वामी मैं क्यों पुकार उठा था! क्या मैं चिल्लाया था?

**ब्रूटस** : हाँ, क्या तूने कुछ देखा था?

**लूशियस** : नहीं प्रभु! कुछ नहीं।

**ब्रूटस** : तो सो जा फिर। लूशियस, सो जा। क्लॉडियस! वारो! जागो! जागो!

**वारो** : मेरे प्रभु!

**क्लॉडियस** : स्वामी!

**ब्रूटस** : तुम लोग नींद में इस तरह क्यों चिल्ला उठे थे?

**वारो और क्लॉडियस** : श्रीमान्, क्या हम चिल्लाए थे?

**ब्रूटस** : हाँ; क्या तुमने कुछ देखा था?

**वारो** : नहीं स्वामी, मैंने कुछ नहीं देखा।

**क्लॉडियस** : न मैंने ही कुछ देखा।

**ब्रूटस** : जाओ! बन्धु कैशस को संवाद दो कि अपनी सेना लेकर वह मेरी सेना के चलने के पहले ही प्रातःकाल चल पड़े। हम पीछे आएँगे।

**वारो ओर कलॉडियस** : जो आज्ञा स्वामी!

**(प्रस्थान)**

# पाँचवाँ अंक

## दृश्य 1

**(फिलिपी का मैदान)**

**(ऑक्टेवियस, ऐण्टोनी और उनकी सेना का प्रवेश)**

**ऑक्टेवियस :** ऐण्टोनी! हमारी आशाएँ अब पूर्ण हुईं! तुमने कहा था कि शत्रु नहीं आएँगे और पहाड़ी पर ही जमे रहेंगे। ऐसा नहीं हुआ। उनकी सेना निकट ही है। उनका इरादा फिलिपी में ही हम पर आक्रमण करने का है और पहली चोट वे ही करना चाहते हैं।

**ऐण्टोनी :** हिश! मैं उनके मन की बात जानता हूँ। मुझे मालूम है कि वे यहाँ हमसे क्यों लड़ना चाहते हैं। उन्होंने अन्य स्थान भी देखे होंगे, पर वे भयानक वीरता दिखाने यहाँ आ रहे हैं; समझते हैं कि हम डर जाएँगे। हिम्मत है ही कहाँ!

**(चर का प्रवेश)**

**चर :** सेनानायको, तत्पर हो जाओ। शत्रु भीषण सेना लिए बढ़े आ रहे हैं। उनका रक्त-ध्वज युद्ध की सूचना देता हुआ फहरा रहा है; तुरन्त कुछ निश्चय होना चाहिए।

**ऐण्टोनी :** ऑक्टेवियस! समतल भूमि की बाईं ओर अपनी सेना को धीरे-धीरे ले जाओ।

**ऑक्टेवियस :** मैं दाईं ओर हूँ। तुम बाईं तरफ रहना।

**ऐण्टोनी :** ऐसी परिस्थिति में भी मेरा विरोध क्यों कर रहे हो?

**ऑक्टेवियस :** विरोध नहीं कर रहा हूँ; परन्तु मैं ऐसा ही करूँगा।

**(सेना का मार्च)**

**(भेरीनाद; ब्रूटस, कैशस, लूसिलियस, टिटीनियस, मेसाला तथा अन्यों के साथ सेना का प्रवेश)**

**ब्रूटस** : वे लोग खड़े हुए हैं शायद कुछ मन्त्रणा करेंगे।

**कैशस** : टिटीनियस! तुम यहीं रहो। हम आगे जाकर विचार करेंगे।

**ऑक्टेवियस** : मार्क ऐण्टोनी, क्या हम युद्ध घोषित कर दें?

**ऐण्टोनी** : नहीं सीज़र! हम उनके आक्रमण का उत्तर देंगे। आगे बढ़ो! सेनापति हमसे कुछ बातें करना चाहते हैं।

**ऑक्टेवियस** : आज्ञा मिलने तक कोई न हिले।

**ब्रूटस** : मेरे देशबन्धुओ! क्या युद्ध से पूर्व बातें करना उचित होगा?

**ऑक्टेवियस** : इसलिए नहीं कि हम तुम्हारी भाँति बातों को चाहते हैं।

**ब्रूटस** : ऑक्टेवियस! अच्छे शब्द बुरे आघातों से कहीं श्रेयस्कर हैं।

**ऐण्टोनी** : किन्तु ब्रूटस! तुम्हारे तो आघातों में सुन्दर शब्द भरे होते हैं। याद करो, जब तुमने सीज़र के हृदय को बेधा था, तब ज़ोर से चिल्लाए थे—जय! सीज़र चिरजीवी हो!

**कैशस** : ऐण्टोनी! तुम्हारे आघात कैसे हैं, यह तो हमें अभी जानना बाकी है, किन्तु इतना निश्चित है कि तुम्हारे शब्दों की मिठास मधुमक्खियों का शहद छीन लेती है।

**ऐण्टोनी** : पर वे डंकहीन नहीं होतीं।

**ब्रूटस** : हाँ-हाँ, तुमने तो उन मधुमक्खियों का गुंजन भी छीन लिया है, ऐण्टोनी! और अब डंक मारने के पहले गुंजन सुना रहे हो!

**ऐण्टोनी** : लेकिन कमीनो, तुम तो यह भी नहीं करते! एक-एक करके जब तुम्हारे छुरे सीज़र के शरीर में गड़े थे, तब तुमने उसे पहले से सावधान तो नहीं किया था? बन्दरों की तरह दाँत निकालते हुए, कुत्तों की तरह जीभ लटकाते हुए, गुलामों की तरह झुकते हुए सीज़र के पाँव चूम रहे थे। तुम, जब उस कुत्ते, कमीने कास्का ने पीछे से सीज़र की गर्दन पर छुरा मारा था! नीच! खुशामदियो!

**कैशस** : खुशामदियो! देखो ब्रूटस! धन्य हो तुम; यदि कैशस का अधिकार

चंलता तो इस जीभ ने आज इतनी हिम्मत न की होती!

**ऑक्टेवियस :** आओ! मतलब की बात करो। अगर बातें करने से पसीना आता हो, शीघ्र ही वह रक्त की बूँदें बन जाएगा। मैं षड्यन्त्रकारियों के विरुद्ध खड्ग उठाता हूँ। जानते हो, यह म्यान में कब लौटेगा? तब तक नहीं, जब तक सीज़र के तैंतीस में से हरएक घाव का बदला नहीं ले लिया जाता! तब तक नहीं, जब तक फिर एक नया सीज़र नहीं खड़ा हो जाता, जिसे काटने के लिए फिर देशद्रोहियों के खड्ग रुधिर से भीग जाएँगे!

**ब्रूटस :** सीज़र! यदि तुम्हें देशद्रोहियों के हाथों से ही मरना बदा था तो तुम्हें उन्हें अपने साथ ही लाना होगा!

**ऑक्टेवियस :** मैं भी आशा करता हूँ। मैं ब्रूटस की तलवार से मरने को पैदा नहीं हुआ हूँ।

**ब्रूटस :** अरे, तू अपने कुल में सर्वोत्तम है, किन्तु मेरे खड्ग में मृत्यु प्राप्त करने से अधिक सम्माननीय तेरे लिए और कुछ नहीं है।

**कैशस :** मूर्ख लड़का है यह! इस सम्मान के लिए उपयुक्त नहीं, क्योंकि यह तो एक विलासी और नर्तक[1] से मिल गया है।

**ऐण्टोनी :** कैशस वैसा ही कुटिल है।

**ऑक्टेवियस :** बढ़ो ऐण्टोनी। आओ! देशद्रोहियो! हम तुम्हें चुनौती देते हैं। यदि तुममें आज लड़ने का साहस है तो युद्धभूमि में आओ! आज नहीं तो जब चाहो तब आ सकते हो!

**(ऑक्टेवियस, ऐण्टोनी तथा उनकी सेना का प्रस्थान)**

**कैशस :** तूफान! टूट पड़ा! लहरो! प्रचण्ड स्पर्धा से उठो! संकट आ गया है। नाव को तूफान में खेना है।

**ब्रूटस :** लूसिलियस! सुनो!

**लूसिलियस :** *(निकट आकर)* प्रभु!

**(अलग परस्पर बातें करते हैं।)**

**कैशस :** मेसाला!

---

1. मुख पर नकली चेहरा चढ़ानेवाला; जैसे रासधारी होता है। अपमानजनक शब्द।

**मेसाला :** *(बढ़कर)* आज्ञा मेरे सेनापति!

**कैशस :** मेसाला! आज मेरा जन्मदिन है। आज ही मैं पैदा हुआ था। मुझे अपना हाथ दो मेसाला! और मेरे साक्षी बनो कि अपनी इच्छा के विरुद्ध पोम्पी की भाँति मुझे भी अपनी स्वतन्त्रता को युद्ध में झोंकना पड़ रहा है। तुम जानते हो कि मैं तो ऐपीक्यूरस के दार्शनिक सिद्धान्तों को मानता हूँ, किन्तु अपने विचार बदलने पड़ रहे हैं। कुछ-कुछ शकुन-अपशकुनों में विश्वास होने लगा है। जब हम सर्दिस से चले थे, तब हमारे चलते ही दो विशाल ईगल (बाज़) झपटे थे और हमारे सैनिकों के हाथों को कुरेद-कुरेदकर खाने लगे थे। फिलिपी तक तो वह हमारे साथ थे, पर फिर जाने कहाँ से कहाँ चले गए! उनके बदले कौए, गिद्ध और चीलें हमारे ऊपर मँडरा रही हैं; हमें झुक-झुककर देख रही हैं, मानों हम उनके शिकार हों। उनकी छाया कैसी भयानक चँदोवे-सी दिख रही है, जिनके नीचे हमारी सेना ऐसी पड़ी है जैसे हम सबका अवश्यम्भावी नाश हो जाएगा।

**मेसाला :** ऐसा विश्वास मत करो।

**कैशस :** मैं कुछ-कुछ ही ऐसा मानता हूँ क्योंकि वैसे मेरी आत्मा स्वस्थ है, और मैं हर तरह के संकट झेलने के लिए सतत तत्पर हूँ।

**ब्रूटस :** लूसिलियस! यही लगता है।

**कैशस :** वीर और महान ब्रूटस! देवता करे कि हम अब जितने मित्र हैं उतने ही वृद्ध होने पर, शान्तिकाल में भी एक-दूसरे के प्रेमी बने रहें। किन्तु मनुष्य के भविष्य के कार्य-कलाप सदैव अज्ञात होते हैं, अतः यदि कहीं हमारा सर्वनाश हो जाए तो हम क्या करें? उस हालत में क्या यह हमारी अन्तिम बातचीत है? बताओ तब तुम क्या करोगे?

**ब्रूटस :** उन विचारों के नियमानुसार जिनसे कि मैंने आत्महत्या कर लेने पर केटो को दोषी ठहराया था, मैं उन्हीं महान शक्तियों के कार्यों की धैर्य से प्रतीक्षा करूँगा जो ऊपर से हम पर शासन कर रही हैं। भविष्य में क्या होने वाला है, इस भय से मैं आत्मघात नहीं करूँगा, क्योंकि ऐसा करना तो कायरता है।

**कैशस :** यदि हम इस युद्ध में पराजित हो जाएँ तो क्या तुम इससे सन्तुष्ट हो जाओगे कि वे लोग विजयोन्मत्त होकर तुम्हें रोम की सड़कों पर बन्दी के रूप में घुमाएँ?

**ब्रूटस :** नहीं, कैशस नहीं! रोम के वीर निवासी! ऐसा मत सोचो कि ब्रूटस एक दास की भाँति बँधकर रोम जाएगा! वह कहीं अधिक विशाल हृदय वाला है। किन्तु यही आज का दिन यह निश्चित करेगा कि 15 मार्च को जो कार्य प्रारम्भ किया गया था, वह चलता है कि समाप्त होता है। यह भी निश्चित हो जाएगा कि हम फिर मिल सकेंगे या नहीं। अतः आज विदाई स्वीकार करो! कैशस! सदा के लिए विदा है। यदि हम फिर मिल सकेंगे तो आनन्दोत्सव मनाएँगे; और यदि नहीं तो फिर यह विदाई ही अन्तिम है।

**कैशस :** ब्रूटस! विदा! सदा के लिए विदा! यदि हम फिर मिलेंगे तो प्रसन्नता से हँसेंगे, और यदि नहीं मिले तो कोई बात नहीं। यह विदाई ही श्लाघ्य है।

**ब्रूटस :** तो आओ, बढ़े चलो; कितना अच्छा होता यदि युद्ध के पूर्व ही इसका परिणाम ज्ञात हो जाता! किन्तु यही सोचना पर्याप्त है कि दिन भी समाप्त होगा और परिणाम भी विदित ही होगा। आओ, आओ! आगे बढ़ो!

*(प्रस्थान)*

## दृश्य 2

**(फिलिपी का मैदान)**

**(युद्धस्थल)**

**(युद्धनाद; ब्रूटस और मेसाला का प्रवेश)**

**ब्रूटस :** तुरन्त अश्वारूढ़ हो जाओ मेसाला! और इन पत्रों को सेना में दूसरी ओर दे आओ।

**(युद्धनाद बढ़ता है)**

उनसे कहो, तुरन्त आक्रमण कर दें, क्योंकि ऑक्टेवियस के सैन्यपक्ष में मुझे इतना उत्साह दिखाई नहीं देता। एक जोर का धक्का उन्हें उखाड़ देगा। घोड़ा दौड़ाओ मेसाला! तुरन्त जाओ! उनसे कहो, एकदम टूट पड़े।

*(प्रस्थान)*

## दृश्य 3

**(युद्धभूमि का अन्य भाग)**

**(युद्धनाद; कैशस और टिटीनियस का प्रवेश)**

**कैशस** : अरे देखो टिटीनियस! देखो, मेरे कायर सैनिक कैसे भाग रहे हैं। मैं अपने ही आदमियों का दुश्मन हो गया हूँ। मेरा ध्वजवाहक ही भाग रहा था। मैंने कायर को मार डाला और उससे ध्वज ले लिया।

**(पिण्डारस का प्रवेश)**

**पिण्डारस** : मेरे स्वामी! भागिए! तुरन्त भागिए! मार्क ऐण्टोनी आपके शिविर में घुस गया है। वीर कैशस, जितनी जल्दी भागा जा सके भागिए!

**कैशस** : यह पहाड़ी बहुत दूर है। क्या वही मेरे तम्बू हैं जिनमें आग लग रही है?

**टिटीनियस** : हाँ श्रीमान्, वही है।

**कैशस** : टिटीनियस यदि तुम चाहते हो तो मेरे घोड़े पर चढ़कर वायु-वेग से जाओ और सूचना लाओ कि वे सैनिक हमारे मित्र हैं या शत्रु!

**टिटीनियस** : अभी लीजिए स्वामी! तुरन्त आता हूँ। *(प्रस्थान)*

**कैशस** : पिण्डारस तुम इस पहाड़ी पर ऊँचे चढ़ जाओ। मेरी आँखें कुछ कमज़ोर हैं। तुम टिटीनियस को देखो और बताओ, युद्धस्थल में क्या हो रहा है।

**(पिण्डारस का पर्वतारोहण)**

आज ही के दिन मेरा जन्म हुआ था और अब समय भी आ गया। आज ही मेरे जीवन का अन्त होगा। कहो, क्या समाचार है?

**पिण्डारस :** *(ऊपर से)* आह मेरे स्वामी!

**कैशस :** क्या बात है?

**पिण्डारस :** टिटीनियस घिर गया है और घुड़सवार उसका तेज़ी से पीछा कर रहे हैं। वह भी भाग रहा है। वे उसके पास पहुँच गए। कुछ घोड़ों से उतर रहे हैं। वह भी घोड़े से कूद पड़ा है। वह पकड़ा गया। *(कोलाहल)* हाय! सुनिए! वे जय-ध्वनि कर रहे हैं।

**कैशस :** और मत देखो। नीचे आ जाओ। हाय! मैं कितना कायर हूँ कि अभी तक जीवित हूँ और मेरा इतना अच्छा मित्र भी पकड़ लिया गया!

**(पिण्डारस उतरता है)**

**कैशस :** इधर आओ पिण्डारस! पार्थिया में मैंने तुम्हें बन्दी बनाया था और तुम्हें जीवन-दान देते समय तुमसे शपथ ली थी कि जो भी काम कहूँगा, तुम वही करोगे। आओ! और अपनी प्रतिज्ञा पूर्ण करो! अब से तुम एक स्वतन्त्र नागरिक हो। यह अच्छी तलवार लो जो एक दिन सीज़र के शरीर में घुसी थी। इसे लो। मुझसे तर्क मत करो। पकड़ो, इसकी मूठ पकड़ो। और जब तुम मेरी आँखें ढँकी देखो, जैसे मैंने ढँक ली हैं, इसे मेरे वक्ष में घुसा दो।

**(पिण्डारस उसके तलवार मारता है।)**

**कैशस :** सीज़र! जिस तलवार से तू मारा गया था, उसी से तेरा प्रतिशोध ले लिया गया। *(मृत्यु)*

**पिण्डारस :** तो अब मैं स्वतन्त्र हूँ। यदि मैं चाहता तो भी स्वेच्छा से तो यह कार्य नहीं कर पाता। कैशस? इस देश से पिण्डारस अब इतनी दूर भाग जाएगा कि कभी भी रोम-निवासी उसका पता नहीं लगा पाएँगे। *(प्रस्थान)*

**(टिटीनियस और मेसाला का प्रवेश)**

**मेसाला :** कैसा परिवर्तन हो रहा है! उधर वीर ब्रूटस ने ऑक्टेवियस को

हराया है इधर ऐण्टोनी ने कैशस को पराजित कर दिया है।

**टिटीनियस :** इस समाचार से कैशस को बड़ी सांत्वना मिलेगी।

**मेसाला :** तुमने उन्हें कहाँ छोड़ा था?

**टिटीनियस :** इस पहाड़ी पर मैंने उन्हें बहुत ही निराश अवस्था में, उनके पास पिण्डारस को देकर वहाँ छोड़ा था।

**मेसाला :** क्या वे ही तो पृथ्वी पर नहीं लेटे हैं?

**टिटीनियस :** हाय मेरे देवताओ! वे तो जीवित से नहीं लगते!

**मेसाला :** क्या वे ही हैं?

**टिटीनियस :** नहीं, है नहीं, थे कहो! अब कैशस नहीं रहे मेसाला! ओ डूबते हुए सूरज! जैसे तू आज सन्ध्या से अपनी आरक्त किरणों में खोया जा रहा है, ऐसे ही अपने ही रक्त में कैशस का दिन भी छिप गया है। रोम का सूर्य अस्त हो गया है। हमारा अवसर गया। मेघ घिरे हैं, ओस गिर रही है। संकट झूल रहे हैं। हमारा सब-कुछ चला गया। मुझमें अविश्वास होने के कारण ही ऐसा हुआ है।

**मेसाला :** किन्तु यह तो अपनी सफलता में अविश्वास के कारण ही हुआ है। वेदना की सन्तान, ओ घृणित त्रुटि! तू क्यों मनुष्यों को वही दिखाती है जो कि उनमें होता नहीं! ओ त्रुटि! जन्म से अन्त तक तू कभी सुखी जीवन नहीं व्यतीत करने देती! तू तो अपनी जन्मदात्री माता को ही नष्ट कर देती!

**टिटीनियस :** लेकिन पिण्डारस कहाँ है! पिण्डारस! पिण्डारस!

**मेसाला :** उसे ढूँढो टिटीनियस, मैं वीर ब्रूटस से मिलने जा रहा हूँ। उसे यह संवाद दे दूँ। आह! लोहे के भालों की तरह यह बात उसके हृदय को बेध डालेगी। विषबुझे तीर से भी उसे इतनी आपत्ति नहीं होगी, जितनी इस समाचार से।

**टिटीनियस :** जल्दी करो मेसाला! तब तक मैं पिण्डारस को खोजता हूँ।

**(मेसाला का प्रस्थान)**

वीर कैशस! तूने मुझे क्यों भेज दिया? वहाँ तो मुझे तेरे मित्र मिले थे! क्या उन्होंने मेरे सिर पर यह पुष्प माला नहीं डाली? उन्होंने कहा था

कि यह माला तुझे दे दूँ। क्या तूने उनका जयनाद नहीं सुना था। हाय! तूने सब कुछ गलत समझा! ले! अब इस माला को पहन ले! तेरे ब्रूटस ने कहा था कि इसे तुझे दे दूँ। मैं तो उसकी आज्ञा का पालन करूँगा। आओ ब्रूटस! इधर आकर देखो मैंने कैसे कैशस को कैसा सम्मान दिया है! देवताओ! आज्ञा दो! यह रोम-निवासी का कर्तव्य है! आ! कैशस के खड्ग! और टिटीनियस के हृदय को टटोल! उठ! *(आत्मघात करता है।)*

**(युद्धनाद; ब्रूटस, तरुण केटो, स्ट्रैटो वोल्मनियस और लूशियस के साथ मेसाला का प्रवेश)**

**ब्रूटस :** कहाँ है मेसाला? कहाँ है उसका शरीर?

**मेसाला :** वह रहा। टिटीनियस दुःख मना रहा है।

**ब्रूटस :** टिटीनियस का मुख ऊपर की ओर है।

**केटो :** वह तो कत्ल हो गया है।

**ब्रूटस :** ओ जूलियस सीज़र? तू अभी तक इतना शक्तिवान है! तेरी आत्मा सर्वत्र विचरण कर रही है और हमारे खड्गों को हमारे ही शरीरों में घुसेड़ रही है!

**(मन्द युद्धनाद)**

**केटो :** वीर टिटीनियस! देखो, इसने मृत कैशस को विजयहार पहनाया है।

**ब्रूटस :** क्या ऐसे दो रोम-निवासी और भी जीवित हैं? ओ अन्तिम रोमनिवासियो! तुम्हें विदा! यह सम्भव है कि अब रोम में तुम जैसी सन्तान जन्म ले। मित्रो, जो आँसू आज मैं बहा रहा हूँ, इस मृत व्यक्ति के लिए तो मुझे उनसे कहीं अधिक बहाने होंगे। किन्तु उसके लिए तो समय निकालना होगा। आओ, अब इसके शव को थैसोस भेज दें। इसका दाहसंस्कार हमारे शिविरों में उचित न होगा, क्योंकि उसमें हमें असुविधा होगी। आओ लूसिलियस, आओ तरुण केटो, हम युद्धभूमि में चलें। लेबियो और फ्लेवियस! युद्ध जारी रखो। इस समय तीन बजे हैं और रात्रि से पूर्व ही हमें दुबारा लड़कर भाग्य की परीक्षा करनी चाहिए। *(प्रस्थान)*

## दृश्य 4

**(युद्धभूमि का अन्य स्थल)**

**(युद्धनाद; दोनों ओर से लड़ते हुए योद्धाओं का प्रवेश; फिर ब्रूटस, तरुण केटो, लूसिलियस तथा अन्यों का प्रवेश)**

**ब्रूटस** : स्वदेशवासियो! साहस रखो। गर्व से सिर उठाओ।

**केटो** : कौन ऐसा नीच है जो ऐसा नहीं करता! मेरे साथ कौन चलेगा? मैं अपना नाम युद्धभूमि में घोषित करूँगा। सुनो! मैं मार्कस केटो का पुत्र हूँ। मैं अत्याचारियों का शत्रु हूँ, मैं अपने देश का हितचिन्तक हूँ! मैं मार्कस केटो का पुत्र हूँ!

**(शत्रु पर आक्रमण करता है।)**

**ब्रूटस** : और मैं ब्रूटस हूँ। मार्कस ब्रूटस! मैं ब्रूटस! स्वदेश-मित्र हूँ, मुझे, ब्रूटस को, पहचानो!

**(शत्रु पर आक्रमण करते हुए प्रस्थान; केटो घिर जाता है। गिरता है।)**

**लूसिलियस** : ओ तरुण और वीर केटो! तुम युद्धभूमि में गिर गए हो! तुम भी टिटीनियस की भाँति वीरता से मरे हो और अपने पिता केटो के सच्चे, आदरणीय और योग्य पुत्र हो!

**पहला सैनिक** : या तो आयुध डाल दो या मार दूँगा।

**लूसिलियस** : मैं मृत्यु को ही समर्पण करता हूँ। मैं तुम्हें, मुझे शीघ्र मार डालने के लिए, यह धन देता हूँ। *(देता है।)* मैं ब्रूटस हूँ और मुझे मारकर गौरव के पात्र बनो।

**पहला सैनिक** : नहीं, नहीं! तुम एक वीर बन्दी हो।

**दूसरा सैनिक :** मारो मत! हटो! हटो! जाकर ऐण्टोनी को सूचना दो कि ब्रूटस पकड़ा गया।

**पहला सैनिक :** मैं जाता हूँ। लो सेनापति ही आ गए।

**(ऐण्टोनी का प्रवेश)**

ब्रूटस पकड़ा गया। मेरे स्वामी, ब्रूटस पकड़ा गया!

**ऐण्टोनी :** कहाँ है वह?

**लूसिलियस :** ब्रूटस सुरक्षित है ऐण्टोनी! मैं तुझे विश्वास दिलाता हूँ कि ऐसा कोई शत्रु नहीं जो महान ब्रूटस को जीवित पकड़ सके। इन महान अपमान से स्वयं देवता उसकी रक्षा करते हैं। जब भी तुम उसे जीवित या मृत पाओगे, वह वैसा ही मिलेगा जैसा कि ब्रूटस को होना चाहिए।

**ऐण्टोनी :** नहीं मित्रो! यह ब्रूटस नहीं है, किन्तु मैं तुम्हें विश्वास दिलाता हूँ कि इसे पकड़ लेना भी कम मूल्य नहीं रखता। इसे सुरक्षित रखो। भद्र और दयापूर्ण व्यवहार करना। ऐसे मनुष्यों का शत्रु की अपेक्षा मित्र होना मैं अधिक पसन्द करता हूँ। आगे बढ़ो और जाकर देखो कि ब्रूटस जीवित है या मर गया है। ऑक्टोवियस के शिविर में मुझे सूचना दो कि क्या स्थिति है। *(प्रस्थान)*

## दृश्य 5

**(युद्धभूमि का एक अन्य भाग)**

**(ब्रूटस, डार्डेनियस, क्लीटस स्ट्रैटो और वोल्मनियस का प्रवेश)**

**ब्रूटस :** आओ, मेरे थोड़े-से बचे हुए मित्रो! इस चट्टान पर आराम करो।

**क्लीटस :** स्टैटीलियस ने प्रकाश विक्षेप किया था, परन्तु वह लौटकर नहीं आया स्वामी! या तो वह पकड़ा गया, या मारा गया।

**ब्रूटस :** बैठ जाओ क्लीटस! मरना तो सहज है। एक रिवाज बन गया है। सुनो क्लीटस! *(कान में कुछ कहता है।)*

**क्लीटस :** कौन मैं? स्वामी नहीं! संसार में किसी मोल पर भी मैं ऐसा नहीं

कर सकता।

**ब्रूटस :** तो चुप रहो, बोले मत।

**क्लीटस :** इससे तो मैं अपने आपको ही मार डालूँगा।

**ब्रूटस :** सुनो डार्डेनियस! *(कान में कहता है।)*

**डार्डेनियस :** क्या मैं ऐसा काम करूँगा?

**क्लीटस :** क्यों डार्डेनियस?

**डार्डेनियस :** हाँ, क्लीटस।

**क्लीटस :** ब्रूटस ने ऐसी क्या कटु बात तुझसे कही?

**डार्डेनियस :** उसने कहा कि उसे मैं मार डालूँ। देखो, वह कुछ सोच रहा है।

**क्लीटस :** आह! वह गौरवान्वित पात्र कितनी वेदना से भर गया है कि आँखों से पानी उमड़कर निकल रहा है।

**ब्रूटस :** मेरे अच्छे वोल्मनियस! यहाँ आ, मेरी बात सुन!

**वोल्मनियस :** आज्ञा मेरे स्वामी!

**ब्रूटस :** बात यह है वोल्मनियस, कि सीज़र का प्रेत मुझे रात में दो बार दिख चुका है। एक बार सर्दिस में, और एक बार कल फिलिपी की युद्धभूमि में। मुझे लगता है, मेरा समय आ गया है।

**वोल्मनियस :** नहीं स्वामी! मुझे तो नहीं लगता।

**ब्रूटस :** नहीं वोल्मनियस! मुझे निश्चय है कि मेरा अन्त निकट आ गया है। तू देख ही रहा है कि कैसी परिस्थिति है। हमारे शत्रुओं ने हमें पूर्ण रूप से हरा दिया है।

**(युद्धनाद मद्धिम)**

अब हम एक गड्ढे के किनारे हैं। उसमें स्वयं ही कूद पड़ना हमारे लिए श्रेयस्कर है, न कि हम इसकी प्रतीक्षा में बैठे रहें कि शत्रु आए और हमें उसमें धक्का दे। भोले वोल्मनियस! तुझे याद है—हम-तुम साथ-साथ पाठशाला में पढ़ने जाया करते थे। उसी पुरातन स्नेह का स्मरण करके, मैं प्रार्थना करता हूँ तू मेरी तलवार की मूठ पकड़कर रुका रह। मैं दौड़कर इसकी धार पर उतरना चाहता हूँ।

**वोल्मनियस** : मेरे स्वामी! यह तो कोई मित्र का कर्तव्य नहीं है।

**(युद्धनाद कम होता है।)**

**क्लीटस** : भागिए स्वामी! भागिए! यहाँ ठहरना उचित नहीं।

**ब्रूटस** : तुम सबको विदा! तुम सबको विदा! तुम्हें भी वोल्मनियस! स्ट्रैटो! तू अभी तक सोचता ही रहा। तुझे भी विदा! देश-बन्धुओ! मेरे हृदय में इसकी बड़ी प्रसन्नता है कि मेरे सारे जीवन में कोई भी मुझे ऐसा साथी नहीं मिला, जिसने मुझे धोखा दिया हो। ऑक्टेवियस और मार्क ऐण्टोनी को इस कुटिल विजय से जो गौरव मिलेगा, उससे कहीं अधिक मुझे अपनी पराजय से मिल रहा है। अब तुम सबको विदा! ब्रूटस ने अपने अन्तिम शब्द कह दिए हैं। अन्धकार मेरी पलकों पर झूल रहा है। मेरे अस्थि-पंजर ने जिस विश्राम-वेला को लाने के लिए इतना श्रम किया है, अब वह अनन्त विश्राम के उसी क्षण के निकट आ गया है।

**(युद्धनाद! नेपथ्य में—भागो! भागो! भागो! भागो!)**

**क्लीटस** : भागिए स्वामी! भागिए!

**ब्रूटस** : तू चल। मैं आता हूँ।

**(क्लीटस, डार्डेनियस और वोल्मनियस का प्रस्थान)**

स्ट्रैटो! मैं तुझसे प्रार्थना करता हूँ कि तू अपने स्वामी का साथ न छोड़ना। तू सदैव ही मानवोचित वीरता में सम्पन्न रहा है। तूने सदैव जीवन में सम्मान ही प्राप्त किया है। ले, मेरी तलवार पकड़ ले, कि मैं उस पर झपट पड़ूँ। अपना मुँह उधर कर ले। स्ट्रैटो! कर सकेगा ऐसा?

**स्ट्रैटो** : पहले मुझे अपना हाथ पकड़ाओ। यह हमारी विदा है।

**ब्रूटस** : विदा मेरे अच्छे स्ट्रैटो! *(उसकी तलवार से कटता है।)* सीज़र! अब शान्त हो जा। जितनी इच्छा से मैं अपने को मार रहा हूँ, तुझे मारने की मुझे उससे आधी भी इच्छा न थी। *(मरता है।)*

**(युद्धनाद; पीछे लौटना; ऑक्टेवियस, ऐण्टोनी, मेसाला, लूसिलियस और**

**उनकी सेना का प्रस्थान)**

**ऑक्टेवियस :** वह कौन आदमी है?

**मेसाला :** मेरे स्वामी का आदमी है। स्ट्रैटो! तेरा स्वामी कहाँ है?

**स्ट्रैटो :** वह उस बन्धन से मुक्त हो गया है मेसाला, जिसमें तुम बँधे हुए हो। विजेता केवल उसे जला सकते हैं, क्योंकि ब्रूटस ने अपने-आपको मिटा दिया। उसकी मृत्यु का गौरव किसी और को नहीं मिल सकता।

**लूसिलियस :** किन्तु ब्रूटस का शव मिलना चाहिए। ऐसा करके तुमने अच्छा ही किया ब्रूटस! मैं तुम्हारा अभिवादन करता हूँ कि तुमने अपने लूसिलियस के शब्दों को सत्य प्रमाणित कर दिया।

**ऑक्टेवियस :** जो ब्रूटस के सेवक थे मैं उन सबको अपनी सेवा में ले सकता हूँ। *(स्ट्रैटो से)* क्या तू अपना शेष जीवन मेरी सेवा में व्यतीत करेगा?

**स्ट्रैटो :** हाँ, यदि मेसाला चाहेंगे कि मैं आपके यहाँ सेवा करूँ तो।

**ऑक्टेवियस :** अच्छे मेसाला! यही करो।

**मेसाला :** स्ट्रैटो! मेरे स्वामी का निधन किस प्रकार हुआ?

**स्ट्रैटो :** मैंने तलवार पकड़ी और वे इस पर उतर गए।

**मेसाला :** ऑक्टेवियस! तो तुम इसे अपनी सेवा में ले जाओ। इसी ने अन्त तक मेरे स्वामी की सेवा की है।

**ऐण्टोनी :** उन सबमें यही सबसे वीर और गौरवमय रोम-निवासी था। इसके अतिरिक्त सारे षड्यन्त्रकारी महान सीज़र के प्रति ईर्ष्या रखते थे, एक यही था जो ईमानदारी से यह मानता था कि इसी में सार्वजनिक लाभ था। इसी से यह उनसे मिला था। इसका जीवन सादा था और उसमें प्रकृति ने इस प्रकार तत्त्वों का सम्मिलन किया था कि वह सारे संसार में कह सकता है कि यह एक मनुष्य था!

**ऑक्टेवियस :** इसके गुणों का ध्यान रखते हुए उनकी दाह-क्रिया का संस्कार सम्मान-सहित करना चाहिए। एक वीर सैनिक की भाँति आज इसका शरीर मेरे ही शिविर में रहेगा, और उसका सम्मान होगा। समस्त सेना को आज्ञा दो कि अब विश्राम किया जाय। चलो, तब तक हम विजय श्री से प्राप्त गौरव को परस्पर वितरण करें और आनन्दोत्सव मनाएँ।

**प्रस्थान**

●●●